임동석중국사상100

울료자

尉繚子

尉繚 撰 / 林東錫 譯註

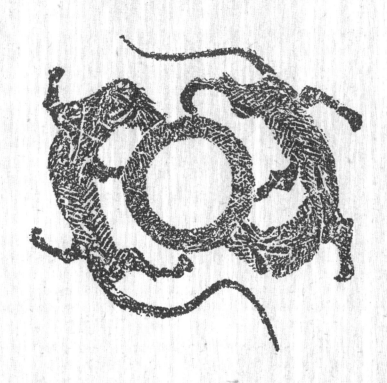

象犀珠玉怪珍之物有悦於人之耳目而不適於用金石草木絲麻五穀六材有適於用而用之則弊取之則竭悦於人之耳目而不適於用者不弊不竭而可以足吾之所用悦於人之耳目而適於用者不弊不竭而可以足吾之所用而取之無禁用之不竭者其唯書乎

丁亥菊秋錄東坡李氏山房藏書記 丘堂 呂元九

"상아, 물소 뿔, 진주, 옥. 진괴한 이런 물건들은 사람의 이목은 즐겁게 하지만 쓰임에는 적절하지 않다. 그런가 하면 금석이나 초목, 실, 삼베, 오곡, 육재는 쓰임에는 적절하나 이를 사용하면 닳아지고 취하면 고갈된다. 그렇다면 사람의 이목을 즐겁게 하면서 이를 사용하기에도 적절하며, 써도 닳지 아니하고 취하여도 고갈되지 않고, 똑똑한 자나 불초한 자라도 그를 통해 얻는 바가 각기 그 자신의 재능에 따라주고, 어진 사람이나 지혜로운 사람이나 그를 통해 보는 바가 각기 그 자신의 분수에 따라주되 무엇이든지 구하여 얻지 못할 것이 없는 것은 오직 책뿐이로다!"

《소동파전집》(34) 〈이씨산방장서기〉에서 구당(丘堂) 여원구(呂元九) 선생의 글씨

책 머 리 에

'무경칠서武經七書' 전체를 역주하면서 《울료자》도 이 기회에 들여다보게 되었다. 병법서에 관심을 갖게 된 것은 실제 《손자병법》이 천하에 유행할 때 홍미를 느껴 원본이 어떻게 되어 있을까 하는 의문에서 비롯되었다. 그리하여 당시 우리나라에 출간되어 있던 현토본懸吐本 《육도직해六韜直解》, 《삼략직해三略直解》, 《손무자직해孫武子直解》, '비서삼종秘書三種'(黃石公《素書》, 諸葛亮 《心書》, 黃帝《陰符經》. 이상 世昌書館 출간) 따위를 들여다보았지만 당시의 실력으로는 정확한 뜻을 알 수 없었고, 내용도 이야기 중심이 아니라 논리 중심이어서 그만 서가 구석 깊이 꽂아 둔 채 세월이 흘렀다.

그런데 지금 《손자병법孫子兵法》·《오자병법吳子兵法》·《삼략三略》·《육도六韜》·《사마법司馬法》·《이위공문대李衛公問對》 등과 함께 이 책도 손을 대지 않을 수 없어 일단 덤비기는 했으나 역시 문장이 순통하지 못하였고, 고문 역주 능력이 한계를 보여 우선 문자적인 해석이라도 해 놓고 뒤의 전문가의 질정叱正을 기다리는 수밖에 없다고 자위하였다.

그럼에도 역시 유가儒家나 법가法家·도가道家·사가史家의 문장과는 다른 맛을 주었고, 나름대로 삶의 철학의 편린을 들여다볼 수 있었으며, 인류가 전쟁이라는 것을 통해 어떻게 나라를 관리하고 자신을 다스렸는가의 문제, 나아가 용병이라는 것이 무엇인지 어렴풋하게나마 얻는 것이 있었다.

군사軍事의 문제는 인류가 집단을 이룬 이래 국가 최우선의 급박한 업무였으며 '養之千日, 用之一時'(천 일 길러 한 순간 써먹는) 생명소모, 절대절명의 홍사凶事임에 틀림없다. 그 때문에 유가儒家에서는 정치의 중요한 사안 중에 군사(師)의 문제를 거론하였고(《상서尙書》 洪範), 노자老子는 '佳兵者, 不祥之器'라 갈파하여 상반된 견해를 밝혔다.

특히 오늘날과 같이 각박한 세태를 전쟁터로 비유하여 처세술이니 용인술이니 하는, 그 생명이 백척간두에 올랐을 때나 쓰는 전쟁, 전투 용어가 마구 거리낌없이 횡행하는 시대에 과연 염정恬靜과 자적自適으로 살 수는 없을까 하는 또 다른 회의를 갖기도 하였다.

그러나 역사를 들여다보아도 결국 전쟁의 연속이며 국가의 흥망이 전쟁이라는 마지막 수단을 통하여 결정난다. 게다가 적어도 한 개인이 태어나 죽는 일생에 앞뒤 세대에 걸쳐 한 번이라도 전쟁이라는 실제 상황을 겪거나 듣지 않고 생을 마친 경우는 없다고 하였다. 그런가 하면 지금처럼 개명開明한 세상에 인간만이 우주에서 가장 값지다고 부르짖으며, 생명 존중을 최대 가치로 여기면서도 지구촌 곳곳에 전쟁이 없는 해는 없다.

그래서 '國家雖大, 好戰必亡; 天下雖安, 忘戰必危'라 하였으니 어찌 대비함이 없이 살 수 있겠는가? 그럼에도 '싸우지 아니하고 승리하는 것이 최상이요, 싸워 이기는 것은 부득이한 경우일 뿐'이라는 논리는 실제 '싸움이 없도록 함이 최상'이라고 하는 이상론과 함께 예나 이제나 현실과는 너무 먼 것일지도 모른다. 그래서 형식상 '의전義戰'이라는 명분으로나마 역사가들은 전쟁의 악행을 미화하고 있는지도 모를 일이다.

좌우간 병법서도 한 번 읽어 볼 만하다. 그 속에 내 삶을 투영하여 정신력을 키우고, 흔한 처세술로 나의 정의를 확인하며, 남으로부터의 모욕과 능멸을 안위安慰하며, 억울한 사기나 손해를 인정할 수도 있을 것이니 말이다.

이 책의 역주에 문장이 순통하지 않고 문의가 제대로 소통되지 못하는 부분이 있을 것으로 사료된다. 전문가와 강호제현의 편달과 지적을 내려줄 것을 아울러 앙망한다.

임동석林東錫 부곽재負郭齋에서 적음

일러두기

1. 이 책은 사고전서四庫全書 문연각본文淵閣本《울료자尉繚子》(5권1책)와 〈중국 전통병법대전中國傳統兵法大全〉의 《울료자尉繚子》와 〈백자전서百子全書〉 본 《울료자尉繚子》 등의 원문을 중심으로 하여 전문을 역주한 것이다.
2. 특히 관련 자료 중에 우리나라에서 출간된 〈현토무경懸吐武經〉(武經七書) 《육도六韜·삼략三略·손무자직해孫武子直解》(世昌書館, 1970년 25판)는 아주 유용한 자료로 활용하였다.
3. 한편 현대 백화본 자료 《신역울료자新譯尉繚子》(張金泉, 三民書局, 1996. 臺北) 와 《울료자금주금역尉繚子今註今譯》(劉仲平, 臺灣商務印書館, 1977. 臺北), 그리고 《울료자전역尉繚子全譯》(劉春生, 貴州人民出版社, 1993. 貴陽)을 충분 히 이용하였으며 많은 도움이 되었음을 밝힌다.
4. 역자 임의로 구절을 나누어 편장 번호와 괄호 안에 다시 구절 번호를 제시하였다.
5. 원문은 현대 중국의 표점부호를 사용하였다.
6. 해석은 직역을 위주로 하였으며, 첫 장의 양혜왕梁惠王 질문에 울료尉繚의 대답과 설명이 끝까지 연결되는 것으로 여겨 전체를 존칭어尊稱語 어체語體 로 번역하였다.
7. 일부 의미가 모호한 부분은 원의를 정확히 파악할 수 없어 문자역文字譯에 그칠 수밖에 없었으며, 일부는 말을 부가하여 의역한 부분도 있다.
8. 매 단락의 제목은 주제에 맞추어 임의로 부여한 것이다.
9. 부록으로 은작산銀雀山 출토 한간漢簡 《울료자尉繚子》 석문釋文과 《군서 치요群書治要》본본 《울료자尉繚子》, 그리고 《울료자尉繚子》 관련 역대歷代 제평題評를 수록하여 연구에 도움이 되도록 하였다.
10. 이 책의 역주에 참고한 초보적인 자료는 다음과 같다.

● 참고문헌

① 《尉繚子》中國傳統兵法大全, 啓南(主編), 三環出版社, 1992. 湖南 長沙.

② 《尉繚子》四庫全書 子部 兵家類, 文淵閣本, 印本, 臺灣商務印書館, 臺北.

③ 《尉繚子》百子全書 兵家類, 活字本, 岳麓書社, 1994. 湖南 長沙.

④ 《尉繚子今註今譯》劉仲平(註譯), 臺灣商務印書館, 1977. 臺北.

⑤ 《新譯尉繚子讀本》張金泉(注譯), 三民書局, 1996. 臺北.

⑥ 《尉繚子全譯》劉春生(譯注), 貴州人民出版社, 1993. 貴州 貴陽.

⑦ 《三略直解》明 劉寅(撰), 〈四庫全書〉 兵家類.

⑧ 《黃石公素書》秦 黃石公(撰), 宋 張商英(註), 〈四庫全書〉 兵家類.

⑨ 《黃石公素書》秦 黃石公(撰), 宋 張商英(註), 〈百子全書〉 兵家類.

⑩ 秘書三種 《陰符經》(黃帝) 世昌書館, 1970. 서울.

⑪ 秘書三種 《心書》(諸葛亮) 世昌書館, 1970. 서울.

⑫ 《新譯三略讀本》傅傑, 三民書局, 2002. 臺北.

⑬ 《黃石公三略今註今譯》魏汝霖, 臺灣商務印書館, 1993. 臺北.

⑭ 《新譯孫子讀本》吳仁傑, 三民書局, 2004. 臺北.

⑮ 《孫子今註今譯》魏汝霖, 臺灣商務印書館, 1981. 臺北.

⑯ 《孫子全譯》周亨祥, 貴州人民出版社, 1992. 貴州 貴陽.

⑰ 《新譯吳子讀本》王雲路, 三民書局, 1966. 臺北.

⑱ 《吳子今註今譯》傅紹傑, 臺灣商務印書館, 1981. 臺北.

⑲ 《新譯司馬法》王雲路, 三民書局, 1996. 臺北.

⑳ 《司馬法今註今譯》劉仲平, 臺灣商務印書館, 1977. 臺北.

㉑《新譯六韜讀本》鄔錫非, 三民書局, 2003. 臺北.

㉒《太公六韜今註今譯》(徐培根) 臺灣商務印書館, 2000. 臺北.

㉓《新譯李衛公問對》鄔錫非, 三民書局, 1996. 臺北.

㉔《唐太宗李衛公問對今註今譯》(曾振) 臺灣商務印書館, 1996. 臺北.

㉕ 懸吐武經(武經七書)《三略直解》劉寅(解), 世昌書館, 1970. 서울.

㉖ 懸吐武經(武經七書)《六韜直解》世昌書館, 1970. 서울.

㉗ 懸吐武經(武經七書)《孫武子直解》世昌書館, 1970. 서울.

㉘ 秘書三種《素書》(黃石公) 世昌書館, 1970. 서울.

㉙《武經總要》宋, 曾公亮·丁度(敕撰), 四庫全書 子部 兵家類.

㉚《三才圖會》明, 王圻·王思義(編集), 上海古籍出版社, 印本, 2005. 上海.

㉛ 기타 공구서工具書 및 〈이십오사二十五史〉, 〈십삼경十三經〉 등은 생략함.

해 제

　《울료자尉繚子》는 전국시대 울료尉繚라는 사람이 쓴 병법서로 알려져 있다.
그리고 송대宋代에 이르러 《손무자孫武子》,《오자吳子》,《삼략三略》,《육도
六韜》,《사마법司馬法》,《이위공문대李衛公問對》와 더불어 소위 '무경칠서
武經七書' 중의 하나로 정리되고 주석이 가해진 뒤 오늘날 널리 알려지게
되었다.

　우선 '울료尉繚'에서 '울尉'자는 《광운廣韻》에 반절反切로 '우물절紆物切'(울)과
'어위절於胃切'(위) 두 가지 음이 표기되어 있다. 앞의 '우물절紆物切'의 경우
'울'(yù)로 읽으며 이는 인명이나 지명 등 고유명사에서의 독음이며, 뒤의 '어위절
於胃切'은 '위'(wèi)로 읽어 일반적인 '벼슬 이름'의 뜻이다. 따라서 이 책은
'울료자'로 읽어야 할 것으로 보인다. 그러나 실제 중국의 여러 표기 중에는
역시 '위료자'로 읽기도 한다. 즉 《중국대백과전서》《역사》의 해당 부분에는
'Weiliaozi'로 되어 있어 이는 우리 음과 대비하면 '위료자'로 표음한 것이다.
따라서 실제 어느 하나만 확정적으로 옳다고 주장하기는 어려우며 속성俗性의
음이 널리 사용되고 있음을 확인할 수 있다. 이에 본서에서는 잠정적으로
'울료자'로 읽기로 한다.

　이 책의 저자로 알려진 울료尉繚는 구체적인 사적은 알 수 없으며 《사기史記》
진시황본기秦始皇本紀 진왕정秦王政(嬴政) 10년(B.C.237)에 다음과 같이 그가
진시황을 만나 유세한 기록이 있다.

'大梁人尉繚來, 說秦王曰:「以秦之彊, 諸侯譬如郡縣之君, 臣但恐諸侯合從, 翕而出不意, 此乃智伯・夫差・湣王之所以亡也. 願大王毋愛財物, 賂其豪臣, 以亂其謀, 不過亡三十萬金, 則諸侯可盡.」秦王從其計, 見尉繚亢禮, 衣服食飮與繚同. 繚曰:「秦王爲人, 蜂准, 長目, 摯鳥膺, 豺聲, 少恩而虎狼心, 居約易出人下, 得志亦輕食人. 我布衣, 然見我常身自下我. 誠使秦王得志於天下, 天下皆爲虜矣. 不可與久游.」乃亡去. 秦王覺, 固止, 以爲秦國尉, 卒用其計策. 而李斯用事.'

이로 보아 그는 대량大梁, 즉 당시 위魏나라 수도인 지금의 개봉開封(河南省) 사람으로 전국 말기에 활동했던 인물로 그의 저술이 이《울료자》가 아닌가 할 뿐이다. 그러나 실제 이 책의 첫머리 '梁惠王問尉繚子曰'의 기록으로 보아 이 역시 시대적으로 매우 큰 차이를 보이고 있다. 즉 양혜왕이 죽은 것은 B.C.319년 으로 진시황과는 거의 90여 년의 차이가 나기 때문이다. 따라서 이 책을 기록한 자가 억측으로 울료와 양(위) 혜왕을 가설하여 질문을 하였고, 뒤이어 책 전체가 울료가 설명하는 것으로 체재를 선택한 것이 아닌가 한다. 그러나 그러한 추측 역시 의문을 던진다. 이는 서로 다른 두 사람일 경우를 상정할 수 있기 때문이다. 즉《한서漢書》예문지藝文志 제자략諸子略 잡가雜家에 '《울료尉繚(子)》二十九篇'이 저록되어 있고, 그 주에 '육국시六國時'라 하였으며 안사고顏師古의 주에는 '尉, 姓; 繚, 名也. 音了, 又音聊. 劉向別錄云繚爲商君學'이라 하여 상앙商鞅의 형법刑法을 배운 자라 하였다. 그런데 다시 같은《한지漢志》병서략兵書略 형세形勢에도 '《울료尉繚》三十一篇'이 저록되어 있어 당시 이미 서로 다른 두 사람의 저서가 존재했을 가능성이 있다.

그 뒤《수서隋書》경적지經籍志와《구당서舊唐書》경적지經籍志, 그리고《당서唐書》예문지藝文志에는《울료》라는 책이 잡가雜家에 실려 있으며 그 편수도《한서》예문지와 달라지기 시작하였다. 이는 책이 전해오는 과정에서 일부가 사라졌거나 원래의 편장이 달랐기 때문이었을 것으로 보고 있다. 한편 이 책의 내용은 거의 병법에 관한 것으로 이 때문에 송대 이후 병가의 저작으로 분류하여 무경칠서武經七書에까지 오르게 된 것이 아닌가 한다. 그러나 병서략兵書略에서 형세가形勢家로 분류하였으나 내용이 본연의 형세가形勢家 즉, '形勢者, 雷動風擧, 後發而先至, 離合背鄕, 變化無常, 以輕疾制敵者也'(《漢書》藝文志)의 구분에 맞지 않는다고 여겨 어떤 이는 믿을 수 없다고 주장하기도 한다. 그럼에도《한서》에 병법가는 주로 제齊나라 출신이되 잡가雜家에 넣었음을 밝혀《자만자子晩子》주에 "齊人好議兵, 如司馬法相似"라 하여 이《울료자》역시 잡가에 열입한 것이 아닌가 한다. 그리고 내용상 이 책은 유가儒家, 도가道家, 법가法家의 사상을 혼합하여 전체 주제를 논병論兵에 맞추어 이 때문에 잡가에 넣었을 가능성도 매우 크다.

혹자는 이를 근거로 진시황을 만난 울료의 저작은 잡가雜家의《울료》이며, 양혜왕을 만난 울료는 병가兵家에 소속된《울료자》라 보기도 하지만 이 역시 지금 전하는 것이 어느 것인가의 문제에는 해답을 주지 못하고 있어 많은 사람들은 이에 동의하지 않고 있다.

이 책이 본격적으로 정리되고 채록된 것은 당초唐初의《군서치요群書治要》에 수록된 4편이다. 이는 마침 1972년 산동성山東省 임기현臨沂縣 은작산銀雀山 1호號 한묘漢墓(西漢 前期)에서 출토된《울료자》죽간竹簡 6편과 서로 비슷하다. 다만

이 몇 편의 내용으로 보아 지금 전하고 있는 《울료자》는 많은 부분이 산거刪去되었고, 글자도 오류, 오자가 상당량이다. 게다가 편명 또한 죽서와 맞지 않아 한초의 원본인 이 죽간은 뒷사람의 개작이나 첨삭이 없는 것으로 여겨지고 있다.

앞서 밝힌 대로 은작산銀雀山에서 《울료자》 죽간이 발견됨으로써 1977년 은작산죽간정리소조銀雀山竹簡整理小組에서는 《은작산간본울료자석문銀雀山簡本尉繚子釋文(附校注)》(《文物》第2, 3期)을 발간하여 원본에 대한 판독 작업을 해 줌으로써 많은 도움이 되고 있다. 그 외에 張烈은 〈關于尉繚子的著錄和成書〉(《文史》第3期)라는 논문을 발표하여 궁금증을 일부 해소해 주고 있으나 지금도 문장과 내용, 체제 등에 여러 가지 미해결의 문제를 지니고 있다.

지금의 이 책은 모두 24편으로 되어 있으며 그 중 〈병교兵教〉와 〈병령兵令〉을 상하로 나누어 실제는 22편인 셈이다. 따라서 《한지漢志》의 29편, 31편과는 차이를 보이고 있다. 전체 14,000여 자이며 문장은 일부 순통하지 않아 문의를 정확히 알 수 없는 부분도 있다. 그러나 칠서 중에 그래도 내용의 폭이 넓고 유가적儒家的인 왕도정치王道政治와 도가적道家的인 무위자연無爲自然, 법가法家의 강압법치強壓法治 등이 고르게 삼입滲入되어 있어 전국 말기 시대 상황과 군사 개념, 군법 제도 등을 연구하는 데 매우 중요한 자료로 널리 알려져 있다.

차 례

- 책머리에
- 일러두기
- 해제

8. 무의武議

9. 장리將理

10. 원관原官

11. 치본治本

尉繚子卷一

天官第一

周　尉繚　撰

梁惠王問尉繚子曰黄帝刑德可以百勝有之乎尉繚
子對曰刑以伐之德以守之非所謂天官時日陰陽向
背也黄帝者人事而已矣何者今有城東西攻不能取
南北攻不能取四方豈無順時乘之者即然不能取者
城高池深兵器備具財穀多積豪士一謀者也若城下
池淺守弱則取之矣諺是觀之天官時日不若人事也
按天官曰背水陣為絶地向阪陣為廢軍武王伐紂背
濟水向山阪而陣以二萬二千五百人擊紂之億萬而
滅商豈紂不得天官之陣哉楚將公子心與齊人戰時
有彗星出柄在齊所在勝不可擊公子心曰彗星何
知以彗闘者固倒而勝焉明日與齊戰大破之黄帝曰
先神先鬼先稽我智謂之天官人事而已

兵談第二

量土地肥磽而立邑建城稱地以城稱人以人稱粟三
相稱則內可以固守外可以戰勝戰勝於外備主於內
勝備相應猶合符節無異故也治兵者若秘于地若邃
于天生于無故開之大不窕小不恢明乎禁舍開塞民
流者親之地不住者住之夫土廣而任則國富民眾
制則國治富治者民不發軔甲不出暴而威制天下故
曰兵勝于朝廷不暴甲而勝者主勝也陳而勝者將勝
也兵起非可以忿也見勝則興不見勝則止患在百里
之內不起一日之師患在千里之內不起一月之師患
在四海之內不起一歲之師將者上不制于天下不制
于地中不制于人寬不可激而怒清不可事以財夫心
狂耳聾目盲以三悖率人者難矣兵之所及羊腸亦勝
鋸齒亦勝緣山亦勝入谷亦勝方亦勝圓亦勝重者如
山如林如江如河輕者如炮如燔如垣壓之如雲覆之
令人聚不得以散散不得以聚左不得以右不得以

《尉繚子》四庫全書(文淵閣) 子部(2) 兵家類. 周, 尉繚(撰)

〈거인(距闉)〉攻城用의 시설《武經總要》

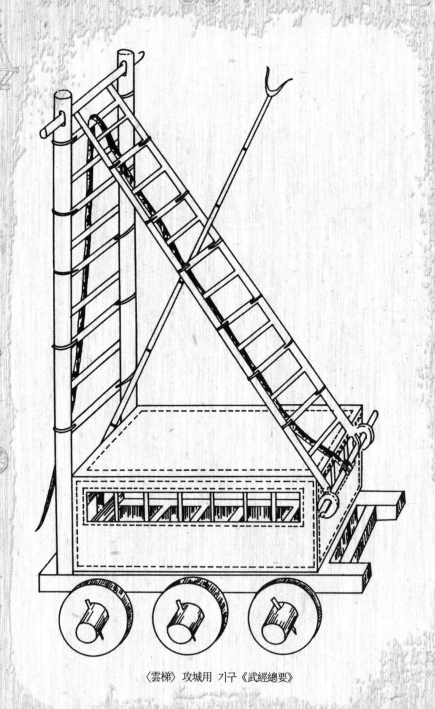

〈雲梯〉攻城用 기구《武經總要》

〈소거(巢車)〉 공성용 기구 《武經總要》

東方青陵九炁甲乙寅卯木、其神青龍、其色藍

四象旗 중의 〈東方青龍旗〉

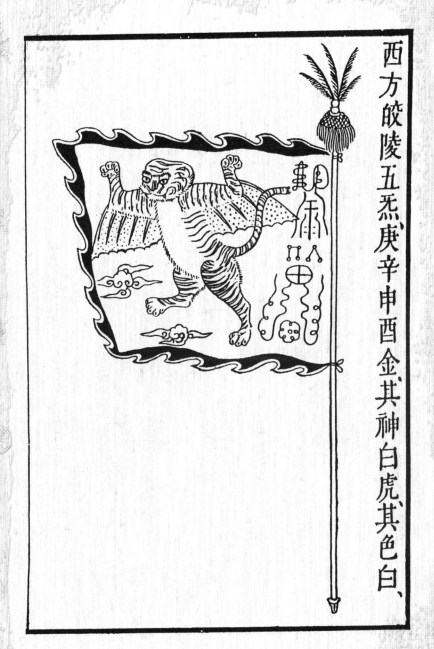

西方皎陵五炁庚辛申酉金其神白虎其色白、

四象旗 중의 〈西方白虎旗〉

南方丹陵三焱、丙丁巳午火其神朱雀其色紅、

四象旗 중의 〈南方朱雀旗〉

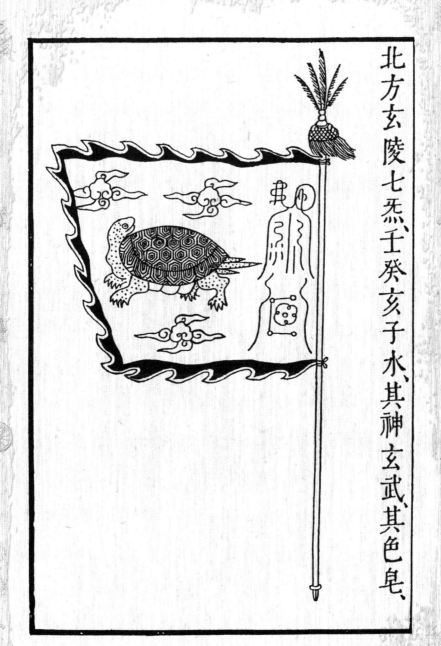

北方玄陵七宿壬癸亥子水、其神玄武、其色皂、

四象旗 중의 〈北方玄武旗〉

울료자

1. 천관天官

　본편은 전쟁에서의 승패는 사람의 작위, 즉 인사人事에 있음을
강조한 것이다. 처음 울료尉繚가 양梁 혜왕惠王을 만나 고대 황제
黃帝 때의 병법서인 《형덕刑德》이라는 책을 두고 대화를 시작하는
것으로 되어 있다. 그 중 '천관天官'에 대한 것은 아무리 하늘의
뜻이 있다 해도 인사만 못함을 주창한 것으로 《울료자》 전체의
종지를 나타낸 것이다. 뒤를 이어 이 책 전체가 울료의 진언(상언)의
형식을 띠고 있다. 따라서 전체를 존칭어로 번역하였다.

001(1-1)
사람의 일만한 것이 없습니다

양梁 혜왕惠王이 울료자尉繚子에게 물었다.

"황제黃帝의《형덕刑德》에 백 번 싸워 모두 이길 수 있다 하였는데 정말 그렇게 할 수 있습니까?"

울료자가 대답하였다.

"형刑이란 무력으로 적을 토벌하는 것이며, 덕德이란 안으로 나라를 지키는 방법입니다. 이는 소위 말하는 천관天官이나 시일時日·음양陰陽·향배向背가 아닙니다. 황제는 사람의 일을 말했을 뿐입니다! 어떤 뜻이겠습니까? 지금 여기 성이 하나 있다고 합시다. 동서로 공격해도 함락시킬 수 없고, 남북으로 공략해도 함락시킬 수 없다면, 이것은 사방에 길한 시일에 알맞은 방위가 없는 것일까요? 사실 이 성을 함락할 수 없는 것은, 그 성이 높고 그 해자가 깊으며, 그들의 무기가 모두 구비되어 있고, 그들 재물이 충분히 저축되어 있으며, 그들 중에 뛰어난 호사豪士가 있어 모책을 짜기 때문입니다.

만약 그들 성이 낮고, 해자가 얕으며, 수비가 약하다면 이를 취할 수 있을 것입니다. 이로 말미암아 보건대 천관이니 시일이니 하는 것은 사람이 하는 일만 못한 것입니다."

梁惠王問尉繚子曰:「黃帝《刑德》, 可以百勝, 有之乎?」

尉繚子對曰:「刑以伐之, 德以守之, 非所謂天官·時日·陰陽·向背也. 黃帝者, 人事而已矣! 何者? 今有城, 東西攻不能取, 南北攻不能取, 四方豈無順時乘之者邪? 然不能取者, 城高池深·兵器備具·財穀多積·豪士一謀者也. 若城下·池淺·守弱, 則取之矣. 由此觀之, 天官·時日, 不若人事也.」

【梁 惠王】 전국시대 魏나라 왕. B.C.369~319년까지 51년간 재위함. 성은 필(畢). 이름은 앵(罃, 혹은 罃). 아버지 武侯(擊)의 뒤를 이어 왕이 되었으며, 재위 중인 B.C.362년(혹 361년)에 수도를 大梁(지금의 開封)으로 옮겼음. 이 때문에 나라 이름을 흔히 梁으로도 부름. 魏는 춘추시대 晉나라의 三晋(韓·魏·趙) 중 하나로 전국시대에 七雄의 반열에 올랐으며, 惠王이 즉위하여 전국시대 최강을 자랑하여 최초로 왕의 칭호를 쓰기도 하였음. 이와 동시대 각 나라는 周나라 顯王, 秦나라 憲公·孝公, 韓나라의 懿侯·昭侯, 趙나라의 成侯, 楚나라의 宣王, 燕나라의 桓公·文公, 田齊의 桓公 등이 있었음. 맹자와 동시대 인물로《孟子》첫머리에 맹자와 대화를 나눈 내용이 실려 있음.

【尉繚子】 尉繚. 인명. 전국시대 인물로 구체적인 사적은 자세히 알 수 없으며 병법을 통한 政見을 秦始皇에게도 유세한 적이 있음. 尉(위)는 인명, 지명, 성씨의 경우 '울'(紆物切)로 읽으며 子는 선진 제자들의 尊稱.

【黃帝】五帝 중의 하나로 중국 민족의 시조로 불림. 성은 公孫氏, 호는 軒轅氏. 뒤에 성을 姬氏로 바꾸었으며 有熊氏로도 불림. 炎帝 神農氏를 이어 부락연맹의 영수가 되었음.

【刑德】황제가 지었다는 병법서. 전설로 여겨지며 뒷사람이 의탁하여 지었을 가능성이 있음. '刑'은 전쟁의 방법을 말하며, 외부 확장이나 惡國 정벌의 뜻. '德'은 덕으로 나라 안을 다스리며 외국과 덕으로 교화함을 뜻함.《漢書》藝文志 兵家類 兵書 陰陽家에《黃帝》16篇이 저록되어 있으며 이 책이 아닌가 함. 지금은 전하지 않음.

【天官】하늘의 별자리에 맞추어 각종 관직을 나누어 다스렸음을 말함. 그러나 여기서는 하늘의 천문 배치에 따라 전쟁의 승패를 분석한 작전 책략을 뜻하는 말로 쓰였음.

【時日】年月日時를 선택하는 데 따른 전쟁의 승패와 길흉.

【向背】지형과 歲星(木星)의 위치를 대응시켜 그 별의 향배에 따라 전쟁의 승패와 길흉을 예측하는 것.

【人事】사람의 모책과 행동, 덕행의 실시, 나라 사이의 군사 세력 등을 따져 전쟁에서의 승패와 길흉을 따지는 것.

【池】적이 접근하지 못하도록 성 사방을 둘러친 해자. 물로 둘러싸 공격을 하지 못하도록 방위시설을 갖춘 것을 말함.

【備具】전쟁 준비를 완전히 갖춤.

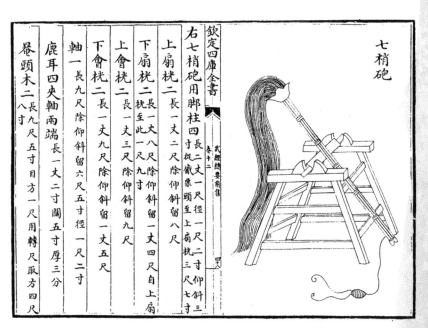

七梢砲

右七梢砲用㮇柱四寸從䤡栗頭至上扇枕三尺七寸

長二丈一尺徑一尺二寸仰斜三

上扇枕二長一丈二尺除仰斜留八尺

下扇枕二長一丈八尺除仰斜留一丈四尺自上扇枕至此一尺九寸

上會枕二長一丈三尺除仰斜留九尺

下會枕二長一丈九尺除仰斜留一丈五尺

軸一長九尺除仰斜留六尺五寸徑一尺二寸

鹿耳四夾軸兩端長一丈二寸闊五寸厚三分

𥔲頭木二長九尺五寸目方一尺用轉尺取方四尺

《武經總要》에 실려 있는 고대 각종 전투 장비

002(1-2)
배수진背水陣과 향판진向阪陣

《천관天官》의 내용을 살펴보니 '배수진背水陣은 사람을 죽음으로 모는 진법이며, 향판진向阪陣은 그 군대를 몰살시키는 전법'이라 하였습니다.

그런데도 무왕武王이 주紂를 벌할 때는 청수淸水를 등지고 언덕을 향하여 진을 쳤습니다. 그리하여 2만 2천5백 명의 군사로써 주의 억만 군사를 쳐서 상商나라를 멸망시켰습니다. 어떻게 주가 천관의 진법을 가지고 있었던 것이 아니라 할 수 있겠습니까?

다음으로 초楚나라 장수 공자公子 심心이 제齊나라와 싸울 때 마침 혜성彗星이 나타났으며, 그 자루가 제나라 분야에 향해 있었습니다. '자루가 가리키고 있는 나라가 승리한다. 이 때에는 공격해서는 안 된다'라고 천관에 되어 있었지만, 공자 심은 '혜성이 무엇을 알겠는가? 빗자루로 싸울 때는 본디 거꾸로 쥐어 자루로 쳐야 이길 수 없는 법이다!'라 하고는 이튿날 제나라와 전투를 벌여 크게 그들을 깨뜨렸습니다.

《황제》의 책에는 '먼저 신이나 귀신에게 묻기보다 자신의 재능과 지혜가 어떠한지를 묻는 것이 낫다'라 하였습니다. 천관이라 하는 것도 결국 인간이 하는 일일 뿐입니다.

「按《天官》曰: ‘背水陣爲絶紀, 向阪陣爲廢軍.’ 武王伐紂, 背淸水・向山阪而陣, 以二萬二千五百人, 擊紂之億萬而滅商, 豈紂不得天官之陣哉!

　楚公子心與齊人戰, 時有彗星出, 柄在齊. ‘柄所在勝, 不可擊.’ 公子心曰: ‘彗星何知? 以彗鬪者固倒而勝焉!’ 明日與齊戰, 大破之.《黃帝》曰: ‘先神先鬼, 先稽我智.’ 謂之天官, 人事而已!」

【背水陣】 물을 등지고 전투를 하여 이기지 못하면 모두 죽으리라는 결사의
　　의지를 보이는 포진법.
【絶紀】 더 이상 살아날 수 없는 곳. 死地를 뜻함.
【向阪陣】 산을 바라보며 포진하는 것. 불리한 지세(地勢)에서 방위하거나 공격
　　하는 진법. 적이 높은 고지를 차지하고 있는데도 이를 기어올라 공격하고자
　　하는 전투를 뜻함.
【廢軍】 반드시 무너지고 말 군대.
【武王伐紂】 B.C.1066년 周나라 武王이 姜太公을 군사책임자로 하여 牧野(지금의
　　하남성 淇縣)에서 殷(商)의 말왕 紂의 군대를 쳐서 멸한 전쟁.
【淸水】 하남성 修武縣에서 발원하여 牧野를 거쳐 黃河로 흘러드는 물.
【楚公子心】 楚나라 장군이며 公子로 이름은 熊心.
【彗星】 빗자루 같은 꼬리가 있어 帚星이라고도 하며, 옛날에는 이 별이 나타
　　나면 국가에 큰 재앙이 있을 것이라 불길하게 여겼음.

【柄所在勝】〈天官〉의 이론으로 별(북두칠성)의 자루 부분이 어떤 별의 방향을 가리키고 있을 때 그 자루 부분에 해당하는 나라가 이긴다고 본 것임. 여기서는 빗자루 부분은 손에 쥐는 쪽이며 그 반대가 쓸리는 부분이므로 그렇게 풀이한 것.
【先神先鬼, 先稽先智】《刑德》의 이론으로 보이며 "선조의 신령에게 이를 먼저 알리는 것도 중요하지만 그보다 먼저 살피고 따져 보는 것이 낫다"는 뜻. 한편 먼저 귀신에게 고하듯 먼저 스스로 계책을 짜고 모책을 짜는 것이 중요함을 강조한 것으로도 볼 수 있음.

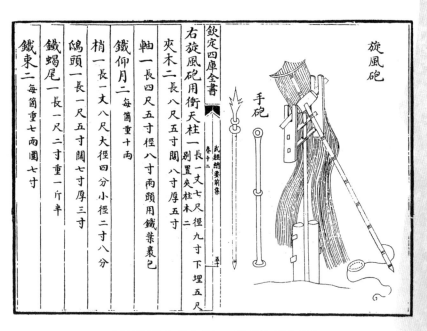

旋風砲

手砲

武經總要前集　卷十二

右旋風砲用衝天柱一長一丈七尺徑九寸下埋五尺

夾木二長八尺五寸闊八寸厚五寸　別置夾柱木二

軸一長四尺五寸徑八寸兩頭用鐵葉裹已

鐵仰月二每筒重十兩

梢一長一丈八尺大徑四分小徑二寸八分

鴉頭一長一尺五寸闊七寸厚三寸

鐵蝎尾一長一尺二寸重一斤半

鐵束二每筒重七兩圓七寸

《武經總要》에 실려 있는 고대 각종 전투 장비

울료자

2. 병담兵談

본편은 군사 업무를 세울 수밖에 없는 이유와 국가로서는 치리治理에 근본을 두고 승리가 자신 있을 때 전쟁이라는 수단을 동원하는 것이며, 장수와 부대 병사는 각기 그에 맞는 소질과 능력을 갖추어야 함을 강조하고 있다.

003(2-1)
승리는 조정에서

  자신의 토지의 비옥한 정도를 헤아려 읍邑을 세우고, 성을 구축하되 그 성은 그 토지의 재물에 걸맞아야 하며, 그 성은 그 백성의 수에 맞아야 하며, 그 백성은 그곳 식량의 양에 맞아야 합니다. 이 세 가지가 서로 맞으면 안으로 이를 견고히 지켜낼 수 있고 밖으로는 전투를 치러도 이길 수 있습니다.

  밖에서는 전쟁에 승리하고 안으로는 복을 만들어 내어, 승리와 복이 상응함이 마치 부절을 합한 것과 같이 되는 것은 다른 이유에서가 아닙니다.

  군대를 다스리는 자는 마치 땅에다 비밀을 숨겨 두듯이, 하늘에 그윽함을 숨겨 두듯이 하여 아무 형태도 없는 곳에서 만들어 내어야 합니다. 그러므로 이를 열면 너무 커서 감출 수 없고, 이를 닫아 버리면 작아서 누구도 알 수가 없어야 합니다.

  금禁·사舍·개開·색塞을 명확히 하며, 백성 중에 유랑하는 자는 친부해 오도록 하며, 땅을 맡은 자가 없는 곳이라면 사람에게 맡겨 다스리도록 해야 합니다. 무릇 토지가 넓고 이를 맡은 자가 있다면 나라가 부유해질 것이요, 백성이 많고 이를 제어할 수 있다면 나라가 다스려지는 것입니다. 부유하면서 다스려진다면 백성으로서는 통행에 자유로울 것이요, 그리하여 무기는 꺼내어 볼 필요도 없게 되어 천하를 위엄으로 제압할 수 있게 되는 것입니다. 그러므로 "전쟁의 승리는 조정에서 비롯된다"라 한 것이니, 무기를 꺼내어 보지도 아니하고 승리를 거두는 것은 임금으로서 승리하는 것이요, 진을 치고 전투를 거쳐 승리하는 것은 장수로서 승리하는 것입니다.

量土地肥磽而立邑建城, 以城稱地, 以城稱人, 以人稱粟. 三相稱, 則內可以固守, 外可以戰勝. 戰勝於外, 福生於內, 勝福相應, 猶合符節, 無異故也.
治兵者, 若秘於地, 若邃於天, 生於無. 故開之, 大不窕; 闔之, 小不恢 明乎禁舍開塞, 民流者親之, 地不任者任之. 夫土廣而任則國富, 民衆 而制則國治. 富治者, 民不發軔, 甲不出暴, 而威制天下. 故曰: 「兵勝 於朝廷.」 不暴甲而勝者, 主勝也; 陳而勝者, 將勝也.

【肥磽】 肥瘠과 같음. 토지의 비옥한 정도. 비옥함과 그렇지 못하여 척박한 정도.
【符節】 사절이나 사신의 임무를 적은 대나무나 나무를 갈라 서로의 증명으로
  삼는 것. 흔히 어떤 일이 틀림없이 들어맞아 부합함을 나타내는 뜻으로 쓰임.
【邃】 깊고 그윽함.

【大不窆】窆는 틈. 혹은 깊은 곳이라는 뜻. 너무 커서 깊은 곳에 감출 수 없음.

【小不恢】恢는 넓고 아득함. 恢恢함. 너무 작아서 그 크기를 알아볼 수 없음.

【禁舍開塞】이는 원래 法家의 이론으로 백성을 다스리는 술법을 네 가지로 나누어 설명한 것임. '禁'은 일반적으로 백성에게 엄금할 조문을 만들어 통제하는 것. '舍'는 '捨'와 같으며 자유를 주거나 아예 버려 두는 것. '開'는 농토를 개간하도록 유도하여 농업 생산을 늘리는 정책. '塞'은 백성의 행동을 막아 군법을 통하여 私鬪를 금하고 戰功을 장려함을 뜻함.

【發軔】'軔'은 수레의 통과를 막거나 허락하는 遮斷木. 여기서는 수레를 마음놓고 통과하여 통행의 자유를 누림을 뜻함.

【甲不出暴】전투를 위한 무기나 갑옷 등을 꺼낼 필요가 없음.

【陳】'陣'과 같음. 많은 병서에 '陳'과 '陣'을 같은 글자로 여겨 혼용하고 있으나 東晉 이전에는 '陳'자가 원 글자였다는 설이 있음. 《論語》衛靈公篇에 "衛靈公問陳於孔子. 孔子對曰:「俎豆之事, 則嘗聞之矣; 軍旅之事, 未之學也.」明日遂行. 在陳絶糧, 從者病, 莫能興. 子路慍見曰:「君子亦有窮乎?」子曰:「君子固窮, 小人窮斯濫矣.」"이라 하였고, 集註에 "陳, 謂軍師行伍之列"라 하였다. 이 '陳'자가 '陣'자로 군사학에서 '진을 치다'는 전용어로 바뀐 것에 대한 이론은 상당히 많다. 이에 대하여 《顔氏家訓》書證篇에는 다음과 같이 고증하고 있다.

『태공(太公)의 《육도(六韜)》에 천진(天陳)·지진(地陳)·인진(人陳)·운조지진(雲鳥之陳) 등이 있다. 그리고 《논어(論語)》에 "위령공이 공자에게 진(陳)을 물었다"라 하였으며, 《좌전(左傳)》에는 "어려지진(魚麗之陳)을 치다"라 하였다.

그런데 속본에는 흔히 「阜」방에 거승(車乘)의 「거(車)」를 써서 「진(陣)」으로 쓴다. 생각건대 여러 진대(陳隊)는 모두가 진정(陳鄭)의 진(陳)자여야 한다. 무릇 행진(行陳)의 뜻은 진열(陳列)이란 말에서 취한 것이다. 이는 육서(六書) 중의 가차(假借)이다. 《창힐편(蒼頡篇)》과 《이아(爾雅)》 및 근세의 자서(字書) 에는 모두가 따로 별자(別字)가 없었다. 그런데 오직 왕희지(王羲之)의 〈소학장 (小學章)〉에만은 「阜(阝)」옆에 거(車)를 썼다. 비록 세속에 이미 통행되고고 있지만 그렇다고 이를 근거로 《육도》, 《논어》, 《좌전》을 고치는 것은 마땅치 않다.」(太公《六韜》, 有天陳・地陳・人陳・雲鳥之陳. 《論語》曰:「衛靈公問陳 於孔子.」《左傳》:「爲魚麗之陳.」俗本多作阜傍車乘之車. 案諸陳隊, 並作陳・ 鄭之陳. 夫行陳之義, 取於陳列耳, 此六書爲假借也, 《蒼》・《雅》及近世字書, 皆無 別字; 唯王羲之〈小學章〉, 獨阜傍作車, 縱復俗行, 不宜追改《六韜》・《論語》・ 《左傳》也.) 그러나 여기서 "王羲之의 〈소학장〉에서 그렇게 썼다"라 한 것은 羲義라는 사람이 쓴 것을 잘못 알아 왕희지의 저작이라고 한다. 趙曦明은 「《隋書》經籍志:《小學篇》一卷, 晉下邳內史王義撰. 諸本並作王羲之, 乃妄人 謬改」라 하였다.

004(2-2)
분풀이를 위한 전쟁은 안 된다

전쟁을 일으킴에 분을 풀기 위한 것이어서는 안 됩니다. 승리를 확신하면 군대를 일으키고, 승리할 수 없음이 보이면 그쳐야 합니다. 백 리 안의 환난이라면 하루 준비한 군대로써 대응해서는 안 되며, 천 리 안의 반란이라면 한 달 준비한 군대로써 대응해서는 안 되며, 사해四海 안의 일이라면 일 년 준비한 군대로써 대응해서는 안 됩니다.

장수란 위로는 하늘로부터 제약받지 아니하고, 아래로 땅으로부터도 통제받지 아니하며, 가운데로 사람으로부터도 제어받지 아니합니다. 관용으로써 하여 격하다고 해서 화내서는 안 되며, 맑게 하여 재물로써 일처리해서도 안 됩니다.

무릇 마음에 광분함을 가지거나, 귀머거리가 되거나, 눈먼 자가 되어, 이 세 가지 어그러진 성격으로 사람을 통솔한다면 전쟁을 치러내기가 어렵게 됩니다.

兵起, 非可以忿也, 見勝則興, 不見勝則止. 患在百里之內, 不起一日之師; 患在千里之內, 不起一月之師; 患在四海之內, 不起一歲之師.

將者, 上不制於天, 下不制於地, 中不制於人, 寬不可激而怒, 淸不可事以財. 夫心狂・目盲・耳聾, 以三悖率人者, 難矣!

【一日之師】 하루 준비한 군대. 師는 군대를 뜻하며 일반적으로 2천5백 명을 한 단위로 한 군대의 편제를 말함. 《周禮》夏官 司馬에 "凡制軍, 萬二千五百人爲軍. 王六軍, 大國三軍, 次國二軍, 小國一軍. 軍將皆命卿. 二千有五百人爲師, 師帥皆中大夫. 五百人爲旅, 旅帥皆下大夫. 百人爲卒, 卒長皆上士. 二十五人爲兩, 兩司馬皆中士. 五人爲伍, 伍皆有長"이라 함.

【制於天】 하늘로부터 제압당하거나 통제받지 아니함. 아래의 구문도 같은 뜻임. 한편 이 구절은 035와 중복된다.

【悖】 어그러짐. 잘못됨.

어떠한 경우에도 이겨야 하는 것이 전쟁

군대가 이르는 곳이란, 그 지형이 마치 양의 창자처럼 험하다 해도 승리를 거두어야 하며, 톱니처럼 얽힌 지형이라 해도 역시 승리를 거두어야 하며, 산을 따라 들어가도 승리를 거두어야 하며, 골짜기로 들어가도 승리를 거두어야 합니다. 네모진 지형에 끌려 들어가도 승리를 거두어야 하며, 둥근 지형에 갇혀도 역시 승리를 이끌어 내야 합니다.

중무장한 군사는 마치 산과 같고, 숲과 같고, 강과 같고, 하수와 같아야 하며, 경무장한 군사는 마치 불로 터뜨리는 것과 같아야 하고, 불로 지지는 것과 같아야 하며, 담장에 깔려 압사시키듯 해야 하며, 구름이 뒤덮듯 해야 합니다.

적이 모였다면 다시 흩어지지 못하게 해야 하며, 적이 흩어지면 다시 모일 수 없도록 해야 하며, 왼쪽의 적이 미처 오른쪽을 구원하지 못하게 하고, 오른쪽의 적이 미처 왼쪽을 구원하지 못하게 합니다.

병기가 숲처럼 빽빽이 늘어서고, 큰 활은 마치 양의 뿔이 휘말리듯 자유자재로 쏠 수 있어야 하며, 부하 사람마다 호방한 기세로 대담한 기세를 펼치지 못하는 자가 없도록 해야 하며, 의심과 염려에 대해서는 과감하게 끊고 당당하게 결정하고 앞으로 나서야 합니다.

兵之所及, 羊腸亦勝, 鋸齒亦勝, 緣山亦勝, 入谷亦勝, 方亦勝, 圓亦勝.
重者如山如林·如江如河, 輕者如炮如燔, 如垣壓之, 如雲覆之, 令人
聚不得以散, 散不得以聚, 左不得以右, 右不得以左. 兵如總木, 弩以
羊角, 人人無不騰陵張膽, 絶乎疑慮, 堂堂決而去.

【羊腸】양의 창자처럼 굽고 긴 길. 대체로 산길의 험함을 뜻함.
【鋸齒】톱니. 서로 어그러져 요철이 심한 지형.
【方圓】方陣과 圓陣.
【輕重】군대의 경무장과 중무장.
【總木】나무를 묶은 것과 같이 촘촘히 세워진 병기.
【羊角】양의 뿔이 말린 모습과 같이 휘돌아 그 힘과 세력을 발휘함을 뜻함.
【騰陵張膽】'騰陵'은 호방하고 기세가 등등한 모습을 나타내는 疊韻語. '張膽'은
 담을 크게 펼침. 즉 담대하게 행동함을 뜻함.

울료자

3. 제담制談

본편은 군대를 어떻게 관리하여야 강한 전투력을 가질 것인가의 문제를 다루고 있다. 이에 따라 선결조건으로 법제를 명확히 하고, 장수는 엄격하게 법을 집행할 것, 상하일심을 통해 사기를 진작시킬 것, 외부의 원조를 맹신하지 말 것, 전투와 농업을 동시에 중시할 것 등을 주창하고 있다.

006(3-1)
군법을 확정해 놓고

무릇 병법이란 반드시 군법이 먼저 확정되어야 합니다. 군법이 먼저 확정되면 군사들이 혼란을 일으키지 않게 되지요. 병사들이 혼란을 일으키지 않으면 형법이 밝혀집니다. 징과 북으로 지시가 떨어지면 백 명의 군사가 힘을 다해 싸우며, 적군의 대오를 함락하고 적의 진지를 혼란시킬 때는 천 명의 군사가 달려들어 싸워야 합니다. 그리고 끝내 적군을 엎어 버리고 그 장수를 죽일 때는 만 명의 군사가 일제히 칼끝을 들이대지요. 이렇게 하면 그런 전투에 천하 그 누구도 맞설 수가 없게 되는 것입니다.

凡兵, 制必先定, 制先定, 則士不亂; 士不亂, 則形乃明. 金鼓所指, 則百人盡鬪; 陷行亂陣, 則千人盡鬪; 覆軍殺將, 則萬人齊刃. 天下莫能當其戰矣!

【制】 법과 제도. 군법과 군의 규율.
【形】 이 책에서는 '形'과 '刑'을 섞어서 표기하고 있으며 여기서는 刑과 같음. 즉 刑罰을 뜻함.
【金鼓】 금은 쇠붙이로 된 신호, 명령 도구로 징. 고는 북.
【百人盡鬪】 이하의 부분에 대하여는 각가의 표점과 해석이 분분하나 〈兵敎(下)〉의 "百人被刃, 陷行亂陣, 千人被刃, 檎敵殺將, 萬人被刃, 橫行天下"의 구절에 근거하여 처리하였음.

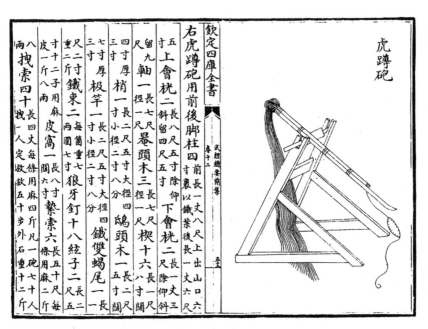

欽定四庫全書

武經總要前集

卷十二

五十

右虎蹲砲用前後腳柱四寸
五寸上會枕二
留九　軸一經七尺
尺　斜留四尺五寸
四寸厚　梢一長二尺五寸大
三寸厚　极竿一長一寸小經二寸八分
七寸　三寸八分
尺二寸鐵束二每箇重七
重二斤　兩圓七寸
皮一斤八兩　鐵雙蝎尾一長
寸十二子用麻
八　捜索四十挺
兩　一人定

前長一丈八尺上出山口六
長八尺五寸除仰　寸裏以鐵葉後長一丈六
下會枕二　尺除仰斜三
尺　長七尺闊一尺
髻頭木三經一尺八寸闊一
楔頭木一長二尺
鷗頭木一長二尺闊
狼牙釘十八絞子二長二尺
繫索六
長五十尺每
皮二斤每
長五十尺每
條用麻四斤凡一砲七十人
外石重十二斤

《武經總要》에 실려 있는 고대 각종 전투 장비

아까운 인재가 먼저 죽는다면

옛날 군사는 열씩, 다섯씩 편제를 형성했으며, 전차戰車는 편열偏列을 조직하였지요. 그들에게 북을 울리고 깃발을 흔들면 먼저 적의 고지에 오르는 자로서 힘을 가진 국사國士가 아닌 자가 없었고, 먼저 죽음을 맞는 자는 역시 힘을 가진 국사가 아닌 자가 없었습니다.

그러니 하나의 적을 베기 위해 아군 백 명의 손실을 가져온다면 이는 적을 이롭게 하는 것이며, 아군의 손상이 너무 심한 것이 됩니다. 그런데도 세속의 장수들은 이러한 짓을 그만두지 못하고 있습니다.

병역에 징집하여 각 군대로 편입하였으나 도망하여 귀환하는 자가 생기며, 혹은 전투 중에 스스로 패배하여 도망 오는 자가 있다면 이는 그 병력의 손해가 너무 심한 것입니다. 그럼에도 세속의 장수들은 이를 제지하지 못하고 있습니다.

백 보 밖의 적을 죽이는 것은 활과 화살이며, 오십 보 안의 적을 살상할 수 있는 것은 모矛나 극戟과 같은 창입니다. 장수가 이미 북을 울렸는데도 사졸이 서로 시끄럽게 떠들며 활을 꺾어 버리고 창을 분지르고 긴 창을 버리면서 남보다 뒤에 행동하는 것이 유리하다고 여기고 있으니, 이런 일이 잦다면 이는 안에서 스스로 패배하는 것인데도 세속의 장수들은 이를 능히 금지하여 통제하지 못하고 있습니다.

병사가 그 십대什隊, 오대伍隊를 잃고 전차가 편열을 잃으며, 기병이 장수를 버리고 달아나고, 나머지 무리도 모두 달아나 버리는데도 세속의 장수들은 이를 금지시키지 못하고 있습니다.

무릇 장수로서 이 네 가지를 금지하고 통제할 수 있어야, 높은 산이 있으면 넘어설 수 있고, 깊은 물이면 그대로 가로질러 건널 수 있으며, 견고한 수레라도 그대로 덤벼들 수 있게 되는 것입니다.

역시 이 네 가지를 금지하지 못한다면 배에 노를 버린 것 같으니, 강하江河를 가로질러 건너는 일이란 해 낼 수가 없을 것입니다.

古者, 士有什伍, 車有偏列. 鼓鳴旗麾, 先登者未嘗非多力國士也, 先死者亦未嘗非多力國士也.

損敵一人而損我百人, 此資敵而傷甚焉, 世將不能禁;

征役分軍而逃歸, 或臨戰自北, 則逃傷甚焉, 世將不能禁;

殺人於百步之外者, 弓矢也, 殺人於五十步之內者, 矛戟也, 將已鼓而士卒相囂, 拗矢折矛抱戟, 利後發, 戰有此數者, 內自敗也, 世將不能禁;

士失什伍, 車失偏列, 奇兵捐將而走, 大衆亦走, 世將不能禁.

夫將能禁此四者, 則高山陵之, 深水絶之, 堅陣犯之; 不能禁此四者, 猶亡舟楫, 絶江河, 不可得也!

【什伍】 고대 군대의 편제 중에 가장 낮은 기초 단위. 다섯 사람을 하나의 단위로 묶은 것을 伍, 열 사람을 하나의 소대로 묶은 것을 什이라 함.《周禮》에 "五人爲伍, 五伍爲兩, 四兩爲卒"이라 하였고, 같은 곳에 "凡制軍, 萬二千五百人爲軍. 王六軍, 大國三軍, 次國二軍, 小國一軍. 軍將皆命卿. 二千有五百人爲師, 師帥皆中大夫. 五百人爲旅, 旅帥皆下大夫. 百人爲卒, 卒長皆上士. 二十五人爲兩, 兩司馬皆中士. 五人爲伍, 伍皆有長"이라 함. 한편 본《尉繚子》伍制令에 "軍中之制: 五人爲伍, 伍相保也; 十人爲什, 什相保也"라 함.

【偏列】 고대 전차의 배치 방법. 9乘을 하나로 묶은 것이라는 설과 15乘을 하나로 묶은 전차부대를 뜻한다고도 함.

【鼓鳴旗麾】 전투의 지휘에 쓰이는 각종 청각적인 도구와 시각적인 깃발. 북을 울려 명령과 신호를 알리고 혹은 깃발로 지휘함을 뜻함.

【國士】 나라의 걸출한 인재. 여기서는 나라를 위해 힘을 다하는 용사를 뜻함.

【資敵】 적의 사기를 높이는 행동.

【世將】 세속의 장수. 혹 용속한 장수.

【征役分軍】 군역을 부과하여 각기 그 지키고 공격할 임무를 나누어 부여함.

【北】 敗北와 같음.

【相囂】 서로 시끄럽게 떠들며 웅성거리거나 소란을 피움.

【拗】 손으로 꺾어 분질러 버림.

【利後發】 뒤에 출발하는 것이 유리함.

【內自敗】 내부에서 실패를 조성함.

【奇兵】正兵에 상대되는 용어. 고대 병법에서 奇正은 가장 중요하며 자주 거론되는 상대적 대립 개념으로 모략과 전법 등에 널리 쓰이는 용어. 즉 일반적이며 상식적인 것을 일러 '正'이라 하며, 특수하고 기이한 방법, 의외의 작전 등을 '奇'라 함.《孫臏兵法》奇正篇에 "奇發而爲正, 其未爲發者, 奇也"라 하였으며, 《唐太宗李衛公問對》에는 "太宗曰: 吾之正, 使敵視以爲奇; 吾之奇, 使敵視以爲正, 斯所謂形人者歟? 以奇爲正, 以正爲奇, 變化莫測, 斯所謂無形者歟?"라 함.

【絶】물을 가로질러 건넘을 뜻함.

【亡】'無'와 같음. 雙聲互訓으로 풀이함.

【猶】'如'와 같음. 역시 쌍성호훈으로 풀이함.

【楫】배를 젓는 노. 혹은 삿대.

008(3-3)
죽기 좋아하는 자는 없다

사람이란 죽음을 즐겁게 여기고 삶을 싫어하는 경우란 없습니다. 다만 호령號令이 명확하고 법제가 잘 갖추어져 있어 능히 그들로 하여금 앞으로 나아가게 할 수 있는 것입니다. 앞에는 분명한 포상이 있고, 뒤에는 결연한 징벌이 있기 때문에 출병하면 이기고, 움직이면 성공할 수 있는 것입니다.

백 명을 하나의 졸장卒長이 관리하고, 천 명을 하나의 사마司馬가 관리하며, 만 명을 하나의 장수가 관리하도록 합니다. 이것은 적은 수의 사람이 많은 수의 사람을 주벌하는 것이며, 적은 수의 장리로 모든 군무를 관리하는 것입니다.

시험삼아 신臣의 말을 듣고 그대로 하면, 그 방법은 족히 삼군三軍의 무리를 부릴 수 있고, 그 어떤 사람을 하나만 주벌해도 그 규율을 잃지 않을 수 있어, 아버지라도 감히 아들을 용서해 줄 수 없고, 아들이라 해서 감히 그 아버지를 용서해 줄 수 없는데, 하물며 아무런 관련이 없는 남들에게 있어서야 어떻겠습니까!

民非樂死而惡生也, 號令明, 法制審, 故能使之前. 明賞於前, 決罰於後, 是以發能中利, 動則有功.

今百人一卒, 千人一司馬, 萬人一將, 以少誅衆, 以弱誅强.

試聽臣言, 其術足使三軍之衆, 誅一人無失刑, 父不敢舍其子, 子不敢舍其父, 況國人乎?

【民】'人'과 같음. 疊韻互訓으로 풀이함.

【卒】백 명을 하나의 편제로 하여 卒長을 세움.《周禮》大司馬에 "百人爲卒, 卒長皆上士"라 함.

【司馬】고대 병사, 국방을 맡은 관직.《주례》에 大司馬의 직책과 업무에 관한 기록이 자세히 있음.

【以少謀衆】적은 수로 많은 적을 상대하고자 모책을 세움.

【聽】남의 의견을 청취하여 받아들임.

【臣】여기서는 尉繚가 梁 惠王에게 자신의 의견을 낮추어 표현한 것.

【三軍】주나라 때 一軍은 12,500명을 가리키며 天子(王)는 六軍을, 제후 중에 大國은 三軍을, 그 다음 정도는 二軍을, 소국은 一軍을 둘 수 있었음.《周禮》夏官 司馬에 "凡制軍, 萬二千五百人爲軍. 王六軍, 大國三軍, 次國二軍, 小國一軍. 軍將皆命卿. 二千有五百人爲師, 師帥皆中大夫. 五百人爲旅, 旅帥皆下大夫. 百人爲卒, 卒長皆上士. 二十五人爲兩, 兩司馬皆中士. 五人爲伍, 伍皆有長"이라 함.

【舍】'捨'와 같으며 '赦'의 뜻. 죄지었을 때 이를 용서하거나 사사로이 풀어 줌을 뜻함.

【國人】나라의 백성. 여기서는 아무런 관련이 없는 사람들이라는 뜻.

만 명이 하나를 이길 수 없는 이유

하나의 도적이 칼을 들고 저잣 거리에서 마구 사람을 찌르고 다닌 다면, 만 명의 무리 중 누구 하나 이를 피하지 않는 자가 없을 것입니다. 저는 이를 두고 한 사람만 유독 용감하고 만 명은 모두가 못난이들이라 여기는 것은 아니라고 말할 수 있습니다. 어찌 그렇겠습니까? 반드시 죽겠다고 하는 자와 반드시 살아야겠다고 하는 자는 서로 상대하지 않기 때문입니다. 저의 방법을 듣고 따라 하시면 족히 삼군의 무리를 그 죽기를 각오한 하나의 도적처럼 부릴 수 있습니다. 감히 그 앞에 맞설 자가 없고, 감히 그 뒤도 따를 자가 없어, 능히 홀로 어디라도 뚫고 들어가고, 능히 홀로 어디라도 헤쳐 나올 수 있게 할 수 있습니다. 혼자서라도 뚫고 들어가고, 혼자서라도 헤쳐 나올 수 있는 자라면, 이런 자가 바로 왕자王者나 패자霸者의 병사입니다.

10만의 무리를 이끌고 천하에 그 누구도 당할 수 없는 병력을 발휘할 자라면, 그런 사람은 누구이겠습니까? 바로 환공桓公이겠지요. 7만의 군사를 거느리고 천하에 누구도 그를 당해 낼 수 없는 힘을 발휘할 자라면, 그런 사람은 누구이겠습니까? 바로 오기吳起이겠지요. 그렇다면 3만의 군사를 거느리고 천하에 그 누구도 이를 당해 낼 수 없는 힘을 발휘할 자라면, 누구이겠습니까? 바로 무자武子이겠지요.

지금 천하 여러 나라 중에 20만의 무리를 거느리지 못한 나라란 없습니다. 그럼에도 능히 공명功名을 이루지 못하는 것은 바로 금禁·사舍·개開·색塞을 명확히 하지 않고 있기 때문입니다.

그 법제를 명확히 하여 한 사람이 승리를 거두면 열 사람이 역시 승리를 거둘 수 있으며, 열 사람이 승리를 거두면 백 사람, 천 사람, 만 사람이 역시 승리를 거둘 것입니다.

그러므로 '나의 무기를 편리하게 하고, 나의 병사를 무용을 갖추게 양성합니다. 이를 발동하면 마치 새가 하늘에서 내리치듯이 할 수 있고, 이들을 전장으로 보내면 마치 천 길 낭떠러지에 폭포가 내리쏟아지듯이 하게 할 수 있습니다.

一賊仗劍擊於市, 萬人無不避之者, 臣謂: 非一人之獨勇, 而萬人皆不肖也! 何則? 必死與必生, 固不侔也.

聽臣之術, 足使三軍之衆爲一死賊, 莫當其前, 莫隨其後, 而能獨出獨入焉! 獨出獨入者, 王霸之兵也!

「有提九萬之衆, 而天下莫能當者, 誰?」

曰: 「桓公也.」

「有提七萬之衆, 而天下莫敢當者, 誰?」

曰: 「吳起也.」

「有提三萬之衆, 而天下莫敢當者, 誰?」

曰: 「武子也.」

「今天下諸國士所率無不及二十萬衆者, 然不能濟功名者, 不明乎
禁舍開塞也. 明其制, 一人勝之, 則十人亦勝之也; 十人勝之, 則百千
萬人亦勝之也.」

　　故曰:「便吾器用, 養吾武勇, 發之如鳥擊, 如赴千仞之谿.」

【死賊】 죽음 속에서 살아나고자 하는 범죄.

【王·霸】 王者와 霸者. 霸는 패도 정치로 천하를 지휘하는 군주, 구체적으로
春秋五霸(齊桓公, 晉文公, 宋襄公, 秦穆公, 楚莊王)를 가리킴. 王은 왕도정치로 천하
를 교화시켰던 군주로 흔히 三王(夏禹, 商湯, 周文王과 武王)을 가리킴.《孟子》
公孫丑(上)에 "孟子曰:「以力假仁者霸; 霸必有大國. 以德行仁者王; 王不待大.
湯以七十里, 文王以百里. 以力服人者, 非心服也, 力不贍也; 以德服人者, 中心悅
而誠服也; 如七十子之服孔子也. 詩云:『自西自東, 自南自北, 無思不服.』此之
謂也.」"라 함.

【桓公】 姜小白. 춘추시대 제나라 군주로 管仲을 임용하여 '尊王攘夷'의 기치를
걸고 '九合諸侯'하며 '一匡天下'하여 세력을 떨치며 호령하였던 춘추오패의
첫 번째 패자.《史記》齊太公世家 참조.

【吳起】 전국 초기 衛나라 사람으로 처음에는 魏나라의 西河郡守를 지냈으나
뒤에 핍박을 받아 楚나라로 망명하여 크게 이름을 떨쳤던 군사가, 병법가.
《오자》라는 병법서를 남겼으며, 흔히 孫子와 병칭됨.《史記》孫子吳起列傳
및 武經七書《吳子》참조.

【武子】 孫武를 가리킴. 춘추 말기 齊나라 출신으로 吳나라의 군사 책임자가 되어 楚나라와 齊나라를 패배시키고, 晉나라를 굴복시켜 오나라를 패자로 만들었음. 중국 최고의 병법가로《손자》를 남김.《史記》孫子吳起列傳 및 武經七書《孫子》참조.

【濟功名】 공을 세우고 이름을 날림.

【其制】 禁·舍·開·塞의 방법과 규정.

【鳥擊】 맹금류가 먹이를 채기 위해 하늘에서 내리쳐 떨어지듯 함을 말함.

【千仞之谿】 천 길 낭떠러지의 계곡. 여기서는 폭포가 절벽을 내리쏟아지듯이 힘을 발휘함을 뜻함.

010(3-5)
남을 위해 앞서 죽지는 말라

지금 전쟁의 환난에 휩싸여 있는 나라는 많은 뇌물을 써서 다른 나라에 사신을 보내고, 사랑하는 아들을 인질로 내보내며, 땅을 떼어 할양하면서 천하 병사들의 원조를 얻고 있습니다. 그러나 그렇게 얻는 병졸이라 해야 이름은 10만으로 헤아리지만, 실제로는 수만 명에 불과합니다. 그러한 병사들이 온다 해야 그 장수에게 이렇게 말하지 않는 임금이 없습니다.

'남의 나라 하수가 되어 그들을 위해 선봉에 나서는 일은 하지 말라!'

사실 그러한 남의 나라 병사로는 전쟁을 치를 수 없습니다.

우리나라 안의 백성을 관리함에 오십伍什 제도를 실행하지 않고서 백성을 잘 다스릴 자가 없습니다.

이러한 10만의 무리를 경영하고 통제하면서, 임금께서는 이들에게 옷을 입혀 주고 먹여 주고 있는데도 나가서 전쟁을 하면 이기지 못하고, 물러나 지켜내지도 못하고 있다면, 이는 군대의 죄가 아니라 안에서 스스로 그렇게 될 수밖에 없도록 하기 때문입니다.

천하 여러 나라로서 우리를 도와 전쟁을 치르는 나라는 오히려 뛰어난 천리마나 녹이綠耳 같은 팔준마처럼 행동해 주건만, 저들은 노마駑馬 처럼 굴면서 겨우 갈기를 세우고 각축전을 벌인들 어찌 능히 우리 군사의 사기를 북돋워 줄 수 있겠습니까?

今國被患者, 以重幣出聘, 以愛子出質, 以地界出割, 得天下助卒,
名爲十萬, 其實不過數萬爾! 其兵來者, 無不謂將者曰:「無爲人下,
先戰!」其實不可得而戰也.

量吾境內之民, 無伍莫能正矣. 經制十萬之衆, 而王必能使之衣
吾衣, 食吾食. 戰不勝·守不固者, 非吾民之罪, 內自致也. 天下諸國
助我戰, 猶良驥騄耳之馳, 彼駑馬鬐興角逐, 何能紹吾氣哉?

【被患】 전란의 화환을 당함. 전쟁을 겪음.
【重幣】 중한 뇌물, 선물. 예물.
【出質】 인질을 내어 상대 나라와 결교를 맺어 안심시키거나 자신을 공격하지
못하도록 약정함을 말함.
【經制】 경영하고 통제함. 관리함.
【內自致】 여기서는 군내에 제도를 세우지 않았거나 지휘가 부당하였음을 뜻함.
【驥】 고대 천리마.
【綠耳】 전설상 周나라 穆王이 타던 八駿馬의 하나.
【馳】 '馳'와 같음.
【鬐興角逐】 말의 갈기를 세우고 뿔을 맞대어 다툼.
【紹】 이어감. 여기서는 지탱하고 보조함을 뜻함.

이겼다 해도 더욱 쇠약해지는 전쟁

우리는 천하가 쓰는 것을 우리 것으로 쓰고, 천하가 사용하는 제도를 우리가 사용하여, 우리의 호령을 잘 정비하고 우리의 형벌과 시상제도를 명확히 하여, 천하로 하여금 농사를 짓지 아니하고는 먹을 것을 구할 수 없듯이, 전투를 거치지 않고는 작위를 얻을 수 없도록 하여야 합니다.

그리하여 백성들로 하여금 팔을 걷어붙이고 다투어 농사를 짓고, 전투에 임하도록 하여, 천하에 대적할 자가 없도록 하여야 합니다.

그러므로 '호령을 내면 그것이 국내에서 믿고 실행되어야 한다'라 한 것입니다.

백성들 중에 적을 이길 수 있다는 말을 하는 자가 있더라도 이러한 헛된 말을 믿어서는 안 되며, 반드시 그들이 정말로 전투에 능한지를 시험해 보아야 합니다.

남의 땅을 보면 이를 가질 욕심을 부려야 하고, 남의 백성은 이를 분산시켜 우리 백성으로 만들어 길러야 하며, 반드시 그들 중에 어진 이를 받아들여야 합니다. 그들 중 어진 이를 받아들이지 않은 채 천하를 가지겠다고 한다면, 틀림없이 우리는 복군살장覆軍殺將의 큰 패배를 맛볼 것이니, 이와 같이 되고 나면 비록 전투에 이겼다 해도 나라는 더욱 쇠약해질 것이요, 땅을 얻었다 해도 나라는 더욱 가난해질 것이니, 이는 나라 안의 제도가 제대로 펴지지 못한 데 그 원인이 있는 것입니다.

吾用天下之用爲用, 吾制天下之制爲制, 修吾號令, 明吾刑賞, 使天下非農無所得食, 非戰無所得爵, 使民揚臂爭出農·戰, 而天下無敵矣!

故曰:「發號出令, 信行國內.」

民言有可以勝敵者, 毋許其空言, 必試其能戰也.

視人之地而有之, 分人之民而畜之, 必能內有其賢者也. 不能內有其賢, 而欲有天下, 必覆軍殺將. 如此, 雖戰勝而國益弱, 得地而國益貧, 由國中之制弊矣!

【天下之用】천하에 쓸 수 있는 모든 것을 뜻함.

【畜】養育함. 畜養함.

【內】'納'과 같음.

【覆軍殺將】군대는 엎어지고, 장군은 죽음을 당함. 처절한 패배를 형용하는 말로 널리 쓰임.

울료자

4. 전위戰威

　본편은 군대의 전투력에 대한 논의이다. 주로 전쟁은 쌍방의
전투력 이외에는 의지할 것이 없다는 것, 그리고 전투력의 핵심은
병사의 사기에 달려 있다는 것, 따라서 사기를 진작시키기 위해서는
본전本戰의 방법을 채용하여 전국민이 함께 모든 힘을 합해야 하며,
임금은 전쟁을 국가의 선급과제로 보고 모든 책략을 총동원해야
하며, 특히 인재를 중시해야 함을 강조하고 있다.

012(4-1)
세 가지 승리

무릇 병법에는 도道로써 승리하는 것이 있고, 위세로써 승리하는 것이 있으며, 힘으로써 승리하는 것이 있습니다.

무력에 대하여 깊이 연구하고 적을 잘 헤아려, 적으로 하여금 사기를 잃고, 그 군대가 흩어지도록 하여, 비록 형벌이 있으나 모든 이들에게 이를 적용할 수 없도록 하는 것, 이것이 도로써 승리하는 것입니다.

그리고 법률과 제도를 깊이 살펴보고 상벌을 명확히 하며, 무기를 편리하게 하여 아군의 병사들로 하여금 반드시 싸우겠다는 의지를 갖도록 하는 것, 이것이 위세로써 승리하는 것입니다.

적을 깨뜨리고 적의 장수를 죽여 버리며, 공격용 토산闉을 이용하여 무기를 발사하여, 이로써 적을 궤멸시키고 땅을 빼앗아 공을 이룬 다음 개선하는 것, 이것이 힘으로 승리하는 것입니다.

왕이나 제후가 이를 알고 나면, 이것이 바로 세 가지 승리를 완수하는 것이 되는 것입니다.

凡兵, 有以道勝, 有以威勝, 有以力勝. 講武料敵, 使敵之氣失而師散, 雖形全而不爲之用, 此道勝也.

審法制, 明賞罰, 便器用, 使民有必戰之心, 此威勝也.

破軍殺將, 乘闉發機, 潰衆奪地, 成功乃返, 此力勝也.

王侯知此, 所以三勝者畢矣!

【以道勝】 정당한 도덕과 정의 등을 명분으로 하여 승리함.

【講武】 무력과 국방에 대하여 연구하고 대비함. 무를 중시함을 말함.

【闉】 상대의 성을 공격하기 위하여 흙으로 그 성의 높이만큼 쌓아올린 土樓. 人工의 土山. 이곳에서 상대를 관측하기도 하며 전투를 지휘하기도 함.

【機】 器械. 공격과 방어용의 각종 무기.

【潰衆】 적을 궤멸시킴.

미리 살펴야 할 다섯 가지

　무릇 장수가 싸울 수 있는 것은 병사의 힘이며, 전사가 전투에 임할 수 있는 것은 바로 사기土氣 때문입니다. 사기가 가득하면 싸울 수 있고, 사기를 빼앗기고 나면 도망하는 것입니다. 형벌이 아직 가해지지 않고, 정식 전투도 시작되지 않았을 때, 적의 사기를 빼앗을 수 있는 것에 다섯 가지 논리가 있습니다.

　첫째, 종묘에서 승리를 거둔다는 논리. 둘째, 명을 받아 할 수 있다는 논리. 셋째, 국경을 넘어서서 승리를 거둔다는 논리. 넷째, 깊은 해자를 파고 높은 보루를 쌓아 승리를 거둔다는 논리. 다섯째, 상대의 진陣을 다 들어 형벌로써 해야 한다는 논리입니다.

　이 다섯 가지는 먼저 적을 헤아려 본 다음에 행동으로 옮겨야 합니다. 이렇게 해야 그들의 허점을 공격하여 그 사기를 빼앗을 수 있습니다. 용병에 뛰어난 자는 능히 남의 마음을 빼앗지 내가 남에게 마음을 빼앗기지 않습니다. 바로 그들 마음의 기변機變을 빼앗아야 하는 것입니다. 법령이라고 하는 것은 한 무리 전체가 일심으로 지켜야 할 마음입니다. 여러 사람들에게 이것이 합당한지의 여부를 잘 살피지 않으면 자주 변경하게 됩니다. 자주 변경하게 되면 법령을 발포한다 해도 여러 사람들이 믿지 않게 됩니다. 그러므로 명령을 내리는 법이란 조금 불비함이 있다 해도 바꾸어서는 안 되며, 남이 약간의 의혹을 가진다고 해서 이를 설명하려 들지 않아야 합니다.

그러므로 윗사람이 법령에 대하여 의심을 갖지 않아야 무리들이 두 가지 마음을 갖지 아니하게 되고, 행동으로 옮기되 그 일에 의혹을 갖지 않아야 무리가 두 가지 뜻을 갖지 아니하게 됩니다.

그 마음에 믿음이 없으면서 그 힘을 얻은 자는 있어 본 적이 없고, 그 힘을 얻지 못하면서 죽음도 겁내지 않는 전사를 만들어 낸 적이 없습니다.

夫將之所以戰者, 民也; 民之所以戰者, 氣也. 氣實則鬪, 氣奪則走.

刑未加, 兵未接, 而所以奪敵者五: 一曰廟勝之論, 二曰受命之論, 三曰踰垠之論, 四曰深溝高壘之論, 五曰擧陣加刑之論.

此五者, 先料敵而後動, 是以擊虛奪之也.

善用兵者, 能奪人而不奪於人. 奪者心之機也, 令者一衆心也. 衆不審則數變, 數變則令雖出, 衆不信矣!

故令之之法, 小過無更, 小疑無申. 故上無疑令, 則衆不二聽; 動無疑事, 則衆不二志, 未有不信其心而能得其力者也, 未有不能得其力而能致其死戰者也.

【民】 이 책에서 '民'은 대체로 '兵'이나 백성의 뜻을 혼용하고 있으며, 당시는
전 국민을 병력의 자원으로 보았음.

【刑】 '刑'은 '形'과 같음. 陣形을 말함.

【廟勝之論】 묘는 종묘. 고대 출전하기 전에 종묘에서 조상신에게 대사를 결정
하여 거병함을 알리는 의식을 치렀으며, 여기에서의 승패에 대한 자신과 논의의
다짐을 말함. 이하 다섯 가지 논의도 같은 유형의 구문임.

【受命】 장수로서 임무와 명령을 받음. 여기서는 장수의 선발이 적당해야 함을
뜻함.

【踰垠之論】 '垠'은 국경을 말함. 국경을 넘어 실제 전투의 상황에 대한 논의.

【舉陣加刑】 포진과 지휘가 정확해야 함을 뜻함.

【奪於人】 남에게 빼앗김. '於'는 피동을 뜻함.

【二聽】 유언과 비어를 듣고 따를지의 결정을 잘못 내리는 경우.

【不信其心】 그들에게 믿음을 주지 못함.

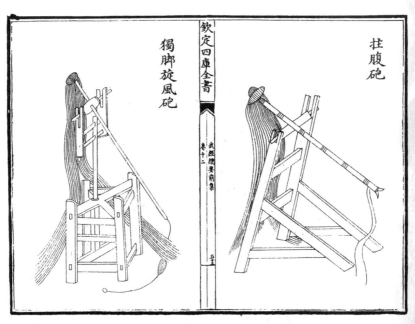

《武經總要》에 실려 있는 고대 각종 전투 장비

014(4-3)
솔선수범이 근본이다

    그러므로 나라에서 틀림없는 예와 믿음, 그리고 친함과 사랑의 의로움으로 한다면 배고픔을 배부름으로 여길 수 있습니다. 그리고 나라에서 틀림없는 효도와 사랑, 염치로써 한다면 죽음으로 삼고 바꾸게 할 수 있습니다.

    선군은 백성을 인솔함에 반드시 먼저 예와 믿음으로 하고 작록爵祿은 그 뒤로 하였으며, 먼저 염치를 실행하며 형벌은 뒤로 하였으며, 자애로움을 앞으로 내세우고 그 몸을 법으로 다스리는 일은 뒤로 하였습니다.

    전투에 나선 자는 반드시 자신을 솔선하는 것을 근본으로 삼아야만 부하 장병을 독려하여 마치 마음이 사지를 사용하듯이 원활하게 할 수 있습니다.

    전투 의지를 독려함이 없으면 병사들이 절의를 지켜 죽을 리 없고, 병사들이 절의를 지켜 죽지 않으면 나머지 무리가 전투에 나서려 하지 않습니다.

    부하 사병을 독려하는 방법이란, 백성의 생계를 풍성하게 해 주는 것입니다. 작위와 서열의 등급, 그리고 죽음과 장례, 백성이 하고자 하는 영리 등은 드러나게 도와 주지 않으면 안 됩니다. 반드시 이렇게 하고 나서야 백성의 생계를 바탕으로 이를 통제할 수 있고, 백성이 영광스럽게 여기는 바를 근거로 드러나게 해 줄 수 있으며, 토지와 봉록, 잔치에서의 친애, 향리에서의 서로 권함, 죽음과 장례에서 서로 구제하고 도와 줌, 병역의 의무를 좇아서 수행하게 되는 것이니 이것이 백성을 독려하는 방법입니다.

　열씩, 다섯씩 통반이 되어 있는 이들끼리 서로 친척과 같아지며, 졸과 백이 마치 친구와 같아져, 평시에는 담장처럼 든든하고 움직였다 하면 비바람처럼 날래게 휘몰아치며, 전차는 서로 흩어짐이 없이 줄을 잇게 되고, 병사들은 뒤돌아서는 법이 없게 되는 것이니, 이것이 전투에 본격적으로 나설 수 있게 하는 방법입니다.

　故國必有禮信·親愛之義, 則可以飢易飽; 國必有孝慈·廉恥之俗, 則可以死易生. 古者, 率民必先禮信而後爵祿, 先廉恥而後刑罰, 先親愛而後律其身.

　故戰者必本乎率身以勵衆士, 如心之使四支也. 志不勵, 則士不死節; 士不死節, 則衆不戰.

　勵士之道: 民之生, 不可不厚也; 爵列之等·死喪之親·民之所營, 不可不顯也. 必也, 因民所生而制之, 因民所榮而顯之, 田祿之實·飲食之親·鄕里相勸·死喪相救·兵役相從, 此民之所勵也.

　使什伍如親戚, 卒伯如朋友. 止如堵牆, 動如風雨, 車不結轍, 士不旋踵, 此本戰之道也.

【禮信親愛】 인의예지신의 덕목과 그를 실천하는 실제 사랑과 보살핌을 말함.

【孝慈廉恥】 부모 자식 사이의 사랑과 남에게 떳떳함을 내세울 수 있는 염치.

【爵祿】 爵은 爵位, 祿은 俸祿. 지위와 재물을 말함.

【支】 肢와 같음. 四肢.

【所營】 추구하는 바. 영위하는 바.

【田祿】 토지에서 나오는 출산.

【卒伯】 졸의 장. 졸장과 같음. 혹은 졸장과 百人之長.

【堵牆】 많은 사람이 밀집함을 말함.

【車不結轍】 전차가 결집하여 끝없이 이어짐.

【旋踵】 후퇴하지 않음. 발꿈치를 되돌림.

【本戰】 전쟁을 준비하여 본격적인 전쟁에 돌입함.

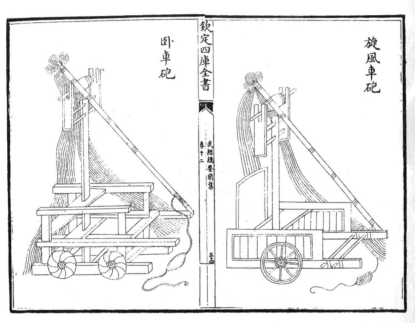

《武經總要》에 실려 있는 고대 각종 전투 장비

015(4-4)
온힘을 쏟아야 할 다섯 가지

토지는 백성을 길러 주는 바탕이며, 성은 그 땅을 지키기 위한 것이며, 전투는 성을 지켜내기 위한 것입니다. 그러므로 농사에 힘쓰게 되면 백성이 주리지 않게 되고, 변방지키기에 힘쓰면 땅이 위험해지지 않게 되며, 전투에 힘을 기울이면 성이 포위당하는 일이 없게 됩니다.

이 세 가지는 선왕先王이 근본으로 여겨 힘쓰던 일입니다. 근본에 힘을 기울이는 것 중에 가장 급하게 여겼던 것은 바로 군사의 문제였으니, 그 때문에 선왕들께서는 군사 문제에 전력을 다한 것이 다섯 가지였습니다.

우선 물자를 비축함이 많지 않으면 군사들을 움직일 수 없고, 상과 봉록이 후하지 않으면 백성들에게 권면할 수 없으며, 무사武士를 선발해 놓지 않으면 군사들을 강하게 할 수 없으며, 무기를 잘 갖추어 놓지 않으면 힘을 장대하게 발휘할 수 없으며, 형벌과 시상이 경우에 맞지 않으면 무리가 두려워하지 않았습니다. 이 다섯 가지에 힘을 기울이게 되면 가만히 있어도 수비를 견고하게 할 수 있고, 움직였다 하면 원하는 바를 이룰 수 있습니다.

무릇 공격해 오는 자를 앉아서 수비하게 되면 평소에는 중엄하게 맞설 수 있고, 진영을 갖추었다 하면 견고하게 할 수 있으며, 군대를 발동시켰다 하면 그 임무를 완수할 수 있고, 전투를 벌였다 하면 온전한 승리를 거둘 수 있는 것입니다.

地, 所以養民也; 城, 所以守地也; 戰, 所以守城也. 故務耕者, 民不飢;
務守者, 地不危; 務戰者, 城不圍. 三者, 先王之本務也.

本務者兵最急, 故先王專務於兵, 有五焉: 委積不多, 則士不行; 賞祿
不厚, 則民不勸; 武士不選, 則衆不强; 器用不便, 則力不壯; 刑罰不中,
則衆不畏.

務此五者, 靜能守其所固, 動能成其所欲. 夫以居攻出, 則居欲重·
陳欲堅·發欲畢·鬪欲齊.

【委積】 쌓아 놓은 재물. 전쟁을 치르기 위한 재정적인 물자.
【居·出】 '居'는 수비하는 병사. '出'은 출격하는 군사.
【畢】 전체. 모두. 있는 힘을 다함을 말함.

016(4-5)
우물이 완성되기 전에는

왕도정치를 펴는 나라는 백성을 부유하게 하고, 패도정치를 펴는 나라는 전사를 부유하게 하며, 겨우 존속하는 나라는 대부를 부유하게 하고, 망할 나라는 임금의 창고를 부유하게 하지요. 이를 일러 위는 가득하나 아래는 새고 있어 환난이 닥치면 구제할 길이 없다고 하는 것입니다.

그러므로 '어진 이를 거용하고 능력 있는 자를 임명할 때는 좋은 날을 택하지 않아도 순조롭게 되며, 법령이 명확하고 잘 심사되면 점을 치지 않아도 일마다 길조가 나타나며, 공을 귀히 여기고 힘들게 노동하는 자를 잘 보살펴 주면 기도를 하지 않아도 복이 저절로 들어온다'고 한 것입니다.

또 '하늘의 시기는 지세의 이로움만 못하고 지세의 이로움은 사람의 화목만 못하다' 하였으니 성인聖人이 귀히 여긴 바는 바로 사람의 일일 뿐이었습니다.

무릇 힘든 일에도 군사를 부지런하게 할 수 있는 것은 장수가 먼저 솔선수범하는 것이 필수입니다. 날씨가 덥다고 해도 장수는 일산을 펴지 않으며, 날이 춥다고 해도 옷을 겹쳐 입지 아니하며, 험한 길에서는 수레에서 내려 걸어가고, 군대의 우물이 완성되고 가장 늦게 물을 마시며, 군대의 식사가 모두 익은 다음 가장 나중에 식사를 하며,

군대 보루가 완성된 이후 가장 늦게 자리를 찾아 쉬는 등 노고로움과 편안함을 반드시 사병과 같이 해야 하는 것입니다. 이와 같이 한다면 군사들이 비록 오랫동안 군역에 묶여 있어도 낡아 지치거나 피폐해지는 경우가 없게 됩니다.

　王國富民, 霸國富士, 僅存之國富大夫, 亡國富倉府, 所謂上滿下漏, 患無所救.

　故曰:「擧賢任能, 不時日而事利; 明法審令, 不卜筮而事吉; 貴功養勞, 不禱祠而得福.」

　又曰:「天時不如地利, 地利不如人和.」聖人所貴, 人事而已.

　夫勤勞之師, 將必先己, 暑不張蓋, 寒不重衣, 險必下步, 軍井成而後飮, 軍食熱而後飯, 軍壘成而後舍, 勞佚必以身同之. 如此, 則師雖久, 而不老不弊.

【王國】 왕도정치를 펴는 나라.

【霸國】 패도정치를 펴는 나라.

【卜筮】 卜은 거북 등껍데기나 수골 등을 불로 지져 그 흔적을 보고 길흉을 점치는 방법이며, 筮는 시초(蓍草)를 사용하여 길흉을 점치는 방법.

【天時不如地利】 이는 《孟子》 公孫丑(下)의 구절. "孟子曰:「天時不如地利, 地利不如人和. 三里之城, 七里之郭, 環而攻之而不勝; 夫環而攻之, 必有得天時者矣; 然而不勝者, 是天時不如地利也. 城非不高也, 池非不深也, 兵革非不堅利也, 米粟非不多也; 委而去之: 是地利不如人和也. 故曰: 域民不以封疆之界, 固國不以山谿之險, 威天下不以兵革之利. 得道者多助, 失道者寡助. 寡助之至, 親戚畔之; 多助之至, 天下順之. 以天下之所順, 攻親戚之所畔; 故君子有不戰, 戰必勝矣.」"라 함. 한편 본문의 이 구절은 036과 중복되어 있다.

【勤勞】 매우 힘들며 고통당함을 말함. 일에 노고로움을 느낌.

【將必先己】 《三略》(上)에 "《軍讖》曰:「軍井未達, 將不言渴; 軍幕未辦, 將不言倦; 軍竈未炊, 將不言飢. 冬不服裘, 夏不操扇, 雨不張蓋, 是謂將禮.」"라 하여 같은 내용이 실려 있음.

【蓋】 日傘. 더위를 피하기 위하여 해를 가리는 기구.

【老弊】 지치고 피폐함.

울료자

5. 공권攻權

본편은 적의 성을 공격할 때의 작전과 모략을 설명한 것이다. 주로 요행의 승리를 기대하지 말고 정식으로 구체적인 모책을 세워야 하며, 장수는 은혜와 위엄을 함께 배합하여 자신의 휘하에 절대적인 위엄을 갖출 것을 요구하고 있다. 그리고 승리를 확신할 때면 과감하게 출전할 것과 지휘 계통을 명확히 하고 속전속결의 방법을 강조하고 있다.

017(5-1)
사졸을 내 한 몸 움직이듯이

군대는 조용히 있는 자체로 승리를 거두는 경우가 있고, 나라는 힘을 하나로 모음으로써 승리를 겨두는 경우가 있습니다. 힘을 분산시키면 약해지고, 마음에 의혹을 가지면 서로 배신하게 됩니다. 무릇 힘이 약하면 그로 인해 진퇴에 자신감이 없어지고, 달아나는 적일지라도 붙잡을 수가 없게 되는 것이니, 장수와 관리 그리고 사졸의 모든 행동이 한 몸이 움직이는 것처럼 되어야 합니다.

마음에 이미 의심이 생겨 서로 등을 돌리게 되면 계책이 결정되어도 움직일 수 없으며, 계책에 따라 발동을 명하여도 금지된 명령을 막을 수 없습니다. 이리하여 많은 사람이 그마다 헛된 소문을 퍼뜨리고 장수는 태도에 위엄이 없고, 사졸은 정규적인 훈련을 거치지 않은 상태라면, 공격을 시작해도 틀림없이 좌절당하고 말 것입니다. 이를 일러 급히 나서기만을 독촉하는 군대라 하며, 이런 병사와 더불어 전투를 벌일 수는 없습니다.

장수는 마음이며, 그가 부리는 많은 부하는 사지四肢나 관절과 같은 것입니다. 그 마음의 움직임이 진실되다면, 사지나 관절은 그에 맞추어 틀림없이 힘을 낼 것입니다. 그러나 그 마음의 움직임이 의혹을 가지고 있다면, 사자와 관절은 틀림없이 마음의 지시를 제대로 해낼 수 없을 것입니다.

무릇 장수가 자신의 마음을 통제하지 못하고 사졸이 절제에 맞추어 움직이지 못한다면, 비록 승리했다 해도 이는 요행으로 승리한 것이지 공략의 권형을 성공시켜 이룬 것이 아닙니다.

兵以靜勝, 國以專勝. 力分者弱, 心疑者背. 夫力弱, 故進退不豪, 縱敵不擒. 將吏士卒, 動靜一身. 心旣疑背, 則計決而不動; 動決而不禁, 異口虛言, 將無脩容, 卒無常試, 發攻必衂. 是謂疾陵之兵, 無足與鬪.

將帥者, 心也; 羣下者, 支節也. 其心動以誠, 則支節必力; 其心動以疑, 則支節必背. 夫將不心制, 卒不節動, 雖勝幸勝也, 非攻權也.

【脩容】얼굴을 다듬어 근엄함을 지킴. 표정을 근엄하게 함을 말함.

【衂】좌절함. 좌절을 당함. '뉵(衄)'과 같음.

【疾陵】매우 급히 서두름.

【支節】사지와 관절.

【攻權】권모·권변·권형을 운용하여 승리를 거둔 전투라는 뜻.

018(5-2)
사랑과 위엄

　무릇 병사는 두 가지를 함께 두려워하지 않습니다. 아군의 힘을 경외하면서 적을 무시하거나, 적을 두려워하면서 아군을 업신여기거나 그 중 하나입니다. 업신여김을 당하는 자가 패하게 되는 것이며, 위엄을 세우는 쪽이 승리하게 되는 것입니다.

　무릇 장수가 그 방법을 잘 운용한다면 그 부관이 그 장수를 두렵게 여기게 되고, 관리가 그 장수를 두렵게 여기게 되면 민중이 그 관리를 두렵게 여기게 되며, 민중이 그 관리를 두렵게 여기게 되면 적이 그 민중을 두렵게 여기게 됩니다. 이 까닭으로 승패의 도를 아는 자라면 반드시 먼저 두렵게 여기는 것과 업신여기는 것의 권형을 알고 있어야 합니다.

　무릇 그 마음에 사랑과 즐거움을 갖도록 해 주지 못한다면 그들은 나를 위해 쓰일 수 없게 되고, 그 마음에 두려움을 느끼도록 해 놓지 않으면 나를 위해 그들이 일어서지 않습니다. 사랑이란 스스로 낮추어 그들 마음을 이해해 주는 것이며, 위엄이란 위에서 이를 바르게 세워야 하는 것이니, 사랑이란 그 때문에 두 가지 마음이 생기지 않도록 하는 것이며, 위엄이란 이 때문에 감히 명령에 위반하지 않도록 하는 것입니다. 그러므로 훌륭한 거느림이란 사랑과 위엄, 이 두 가지일 따름입니다.

夫民無兩畏也, 畏我侮敵, 畏敵侮我. 見侮者敗, 立威者勝. 凡將能其道者, 吏畏其將也; 吏畏其將者, 民畏其吏也; 民畏其吏者, 敵畏其民也. 是故, 知勝敗之道者, 必先知畏侮之權.

夫不愛說其心者, 不我用也; 不嚴畏其心者, 不我擧也. 愛在下順, 威在上立, 愛故不二, 威故不犯. 故善將者, 愛與威而已.

【見侮者敗】 모멸을 당하는 자는 틀림없이 실패함.
【愛說】 說은 悅과 같음.
【不我用】 나를 위해 쓰이지 않음. 내가 쓸 수 없음.
【下順】 아랫사람들의 호응에 따라 움직임. 순응함.

019(5-3)
집 나간 아들을 찾듯이

전투를 벌이되 틀림없이 이길 수 있는 것이 아닐 경우, 싸우자는 말을 해서는 안 됩니다. 마찬가지로 공격하여 틀림없이 함락시킬 수 있는 경우가 아니라면, 공격하자는 말을 해서는 안 됩니다. 그렇게 하지 않으면 비록 형벌과 시상이 갖추어져 있다 해도 이를 믿고 일을 벌일 수 없습니다. 믿음이란 일을 일으키기 전에 얻어 두어야 하며, 조짐이 있기 전에 해 두어야 합니다. 그렇게 해야 민중이 이미 모였다 하면 헛되이 분산되는 일이 없고, 군대를 이미 출동시켰다 하면 헛되이 귀환하는 일이 없게 됩니다.

적을 찾아 나설 때는 마치 집 나간 아들을 찾듯이 해야 하고, 적을 격퇴할 때는 마치 물에 빠진 사람을 구해 내듯이 서둘러야 합니다.

험한 지형에서 아군을 분산시키면 병사들의 전투 의욕이 없어지고, 무조건 도전하고 보자고 덤비면 전체 군대의 사기를 온전히 모을 수 없으며, 전투만을 위한 전투를 하게 되면 언제나 승리하는 군대가 될 수 없는 것입니다.

무릇 정의를 기치로 내세우고 싸우는 군대는 내가 먼저 전쟁을 일으키는 것을 귀하다 하며, 사사로운 원한 때문에 전쟁을 벌여야 할 경우라면 응당 부득이함을 명분으로 내세워야 합니다. 원한이 얽혀 비록 싸움이 시작되었다 해도 적이 먼저 행동을 하기를 기다린 다음 뒤에 대응하여야 합니다. 그러므로 전쟁에는 반드시 기다렸다가 대응해야 하는 경우가 있으며, 종식시키고 나서는 반드시 그에 대한 대비가 있어야 하는 것입니다.

戰不必勝, 不可以言戰; 攻不必拔, 不可以言攻. 不然, 雖刑賞不足信也. 信在期前, 事在未兆, 故衆已聚, 不虛散; 兵已出, 不徒歸. 求敵若求亡子, 擊敵若救溺人.

分險者無戰心, 挑戰者無全氣, 鬪戰者無勝兵.

凡挾義而戰者, 貴從我起, 爭私結怨, 應不得已, 怨結雖起, 待之貴後故爭必當待之, 息必當備之.

【期前】 전쟁을 시작하기 전.

【亡子】 집을 떠나 유랑하는 아들. 060에도 같은 구절이 실려 있음.

【分險】 요새를 나누어 지킴. 험한 곳이니 각기 안심하고 자신만을 지키도록 함. 군사의 분산을 부정적으로 여긴 것.

【挑戰】 아군의 군사력이 모자란 데도 억지 싸움을 벌임을 뜻함.

【全氣】 사기를 온전히 하나로 묶음.

【鬪戰】 싸움을 위한 싸움. 명분이나 승세가 없는데도 일단 전투를 벌이고 보는 경우를 말함.

【勝兵】 강력한 세력을 가진 군대. 언제 어디서나 승리를 거두는 군대.

【挾義】 정의를 끼고 정당한 명분을 갖춤.

【息】 종식시킴.

뜻밖의 승리는 참된 승리가 아니다

군대는 조정 회의에서 승리하는 경우가 있고, 들판에서 싸워 승리하는 경우가 있고, 시정市政의 여론에 의해 승리하는 경우가 있습니다.

싸우면 얻는 것이 있고 복종하면 패배하게 되는 것이니, 다행히 패배하지 아니했다 해도 이는 뜻밖에 적이 놀라고 두려워하여 생각지도 않았던 승리일 뿐입니다.

생각지도 않았던 승리란 온전한 승리라 말할 수 없습니다. 온전한 승리가 아니라는 것은 권모의 명성을 잘 운용한 승리가 아닙니다. 그러므로 명석한 군주란 공격 전투를 시작하는 날에 북 치고 나팔 불어 그 절도에 맞추어 접전을 벌이게 되면, 승리를 구하지 아니해도 승리를 얻는 자입니다.

兵有勝於朝廷, 有勝於原野, 有勝於市井. 鬪則得, 服則失, 幸以不敗, 此不意彼驚懼而曲勝之也. 曲勝, 言非全也. 非全勝者, 無權名. 故明主戰攻日, 合鼓合角, 節以兵刃, 不求勝而勝也.

【勝於朝廷】조정에서 이미 승리를 확신함.
【曲勝】의외의 승리. 생각지 않았던 승리.
【權名】권모의 명성을 잘 운용함.
【鼓角】북과 角笛으로 명령을 내림.

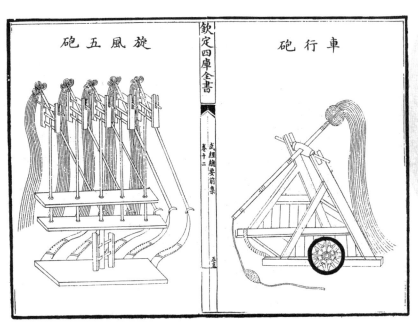

《武經總要》에 실려 있는 고대 각종 전투 장비

021(5-5)
군의 편제

　군대 중에 수비를 없애고 위엄도 갖추지 않았는데도 승리하는 경우가
있으니, 이는 그 법을 잘 운용하였기 때문입니다. 사용하는 무기를
일찍 결정하고 적과 대응하였을 때는 그에 맞추어 주도면밀하게 하며,
그들을 총지휘하여 통솔할 때는 그 효용을 극대화합니다. 그러므로
다섯 사람을 묶어 오장伍長을 세우고, 열 사람을 묶어 십장什長을 임명
하며, 백 사람을 묶어 졸장卒長을 세우며, 천 사람씩 묶어 장솔將率을
세우며, 만 사람을 단위로 장군將軍을 세워 주도면밀하게 하고 효용을
극대화하는 것이니, 아침에 이들이 죽으면 아침에 이들을 대신할 자를
세우고, 저녁에 죽으면 저녁에 그 뒤를 잇도록 하는 것입니다.
　적을 잘 저울질 해보고 상대의 장수를 잘 살핀 다음에 군대를 일으
켜야 합니다.

　兵有去備撤威而勝者, 以其有法故也. 有器用之蚤定也, 其應敵也周,
其總率也極. 故五人而伍, 十人而什, 百人而卒, 千人而率, 萬人而將,
已周已極, 其朝死則朝代, 暮死則暮代, 權敵審將, 而後擧兵.

【去備】방비를 철거하고 철수함.
【率】솔(帥)과 같음. 千夫長을 가리킴.
【權敵審將】적을 저울질하고 상대의 장수를 잘 살펴 그 능력을 따져 봄.

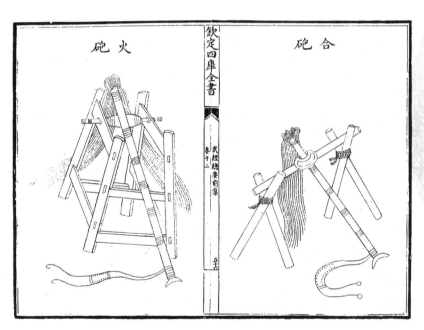

《武經總要》에 실려 있는 고대 각종 전투 장비

백 리의 거리

그러므로 무릇 군사를 징집한다면 천 리의 거리는 열흘 만에 이르러야 하고, 백 리의 거리라면 하루에 모여 이들이 모두 적과의 대치 장소에 집결하도록 해야 합니다. 사졸이 모이고 장수가 도착하면 그 적지로 깊이 들어가 그들의 길을 끊어 버리고, 적들이 큰 성과 큰 읍에 가두어 나오지 못하게 하고, 그들로 하여금 성에 올라 남녀가 몇 겹으로 모여 각기 자신의 지형에서 더 이상 꼼짝하지 못하도록 하는 것입니다. 그리고 요새를 공격하여 하나의 성읍을 점거하고, 자주 그들 통로를 끊고, 그 상황에 맞추어 공격하여야 합니다. 그리하여 적의 장수들끼리 서로 믿지 못하게 하고, 관리와 사졸들도 서로 화합할 수 없도록 하며, 그들에게 형벌 제도가 있어도 이를 따를 수 없게 한다면, 우리는 그들을 패배시킬 수 있습니다.

그렇게 되면 적은 구원병이 오기도 전에 그 성 하나를 다 들어 항복하고 말 것입니다.

故凡集兵, 千里者旬日, 百里者一日, 必集敵境. 卒聚將至, 深入其地, 錯絕其道, 棲其大城大邑, 使之登城逼危, 男女數重, 各逼地形, 而攻 要塞, 據一城邑, 而數道絕, 從而攻之, 敵將帥不能信, 吏卒不能和, 刑有所不從者, 則我敗之矣! 敵救未至, 而一城已降.

【錯絕】끊어 버림.
【棲】포위를 벗어나지 못하도록 함.

023(5-7)
전쟁 준비가 되지 않은 상태

나루와 교량이 설치되지 못하였고, 요새도 아직 수축되지 못하였고, 성의 험한 설비도 갖추어지지 못했으며, 철조망도 펼쳐 놓지 못했다면 이런 상태는 성은 있으나 지켜낼 수가 없습니다.

먼 국경의 보루에 아직 군사를 투입하지 못했고, 변방 수비병이 아직 임지로 돌아와 지키지 못하고 있다면, 이는 군인은 있으나 아무도 없는 것이나 마찬가지입니다.

그런가 하면 육축을 아직 모으지 못하였고, 오곡도 아직 수확하지 않아 군용으로 쓸 물건도 아직 거두어들이지 못한 상태라면, 이는 전쟁 물자가 있으나 아무것도 없는 것이나 마찬가지입니다.

무릇 성읍이 공허하게 텅 비었고, 물자도 모두 소진한 상태일 때, 우리는 그 빈 틈을 이용하여 공격해야 합니다. 병법에 '홀로 아무런 거리낌없이 드나들 수 있다면, 적과 칼날을 마주치지 않고도 이를 처리할 수 있다'라 하였으니 이를 두고 한 말입니다.

津梁未發, 要塞未修, 城險未設, 渠答未張, 則雖有城無守矣.

遠堡未入, 戍客未歸, 則雖有人無人矣.

六畜未聚, 五穀未收, 財用未斂, 則雖有資無資矣.

夫城邑空虛而資盡者, 我因其虛而攻之. 法曰:「獨出獨入, 敵不接刃而致之.」此之謂也.

【津梁】 나루와 교량.

【城險】 험한 방위를 갖춘 성. 혹은 방위 체제를 갖추기 위한 공사를 벌임.

【渠答】 철조망. 철로 가시를 만들어 들어오지 못하게 하는 방위 설비.

【戍客】 변새를 지키는 수비병.

【六畜】 소·말·양·돼지·개·닭을 지칭하며 집에서 기르는 모든 가축.

【五穀】 흔히 黍·稷·豆·麥·稻를 가리킴. 사람이 먹고사는 곡류 일체.

울료자

6. 수권守權

본편은 앞의 제5편 공권攻權의 상대적인 개념이다. 즉 수비할 때의 책략을 설명한 것으로, 이 경우 오히려 더욱 투지를 앙양시켜야 하며, 원군이 이를 때까지의 행동요령과 원군과 수비군의 적절한 배합, 내외협공 등을 다루고 있다.

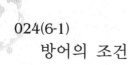

024(6-1)
방어의 조건

　무릇 수비라고 하는 것은 진격해도 성 밖을 벗어나지 아니하고, 물러서도 험한 지형의 방어 시설을 벗어나지 않는 것으로, 방어를 한다면 이는 훌륭한 방어 전술이 아닙니다.

　호걸웅준豪傑雄俊의 병사에다가 견고한 갑옷, 날카로운 무기에 질긴 활과 강한 화살, 이러한 조건이 그 성곽에 모두 갖추어져 있다 해도 이에 창고에 쌓아 두었던 물자를 모두 꺼내어 쓰고, 자신들의 방어 시설을 미리 부수고 헐어 함께 성 안으로 옮겨놓고 있다면 이는 적군의 사기를 열 배, 백 배 올려 주는 대신, 아군의 사기는 반도 안 되게 줄어 들고 맙니다. 그렇게 되면 적의 공격으로 인한 살상과 손해는 아주 심하게 됩니다. 그런데도 세속의 장수들은 이를 능히 알지 못하고 있습니다.

　凡守者, 進不郭圍, 退不亭障, 以御戰, 非善者也.
　豪傑雄俊, 堅甲利兵, 勁弩强矢, 盡在郭中, 乃收窖廩, 毁折而入保, 令客氣十百倍, 而主之氣不半焉! 敵攻者, 傷之甚也, 然而世將弗能知.

【郭圍】외곽을 쌓아 방어함. '圍'는 '禦'와 같음.
【亭障】험한 지형을 이용하여 방어 시설을 갖춤.
【窖廩】교(窖)는 땅을 파서 마련한 창고, 廩은 땅 위에 마련한 창고.
【保】堡壘. 작은 성. 內城.
【客氣】客軍(영토 안으로 들어온 적군)의 사기.

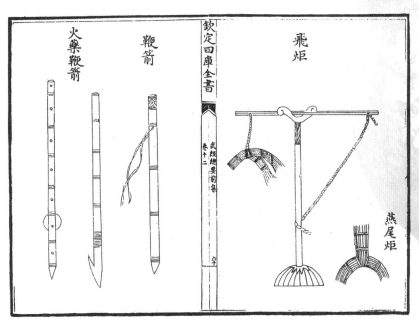

《武經總要》에 실려 있는 고대 각종 전투 장비

무릇 수비라고 하는 것은 그 험한 요새를 잃지 않는 것입니다.

수비의 방법으로는 성벽 한 길마다 열 사람이 지키면 됩니다. 그 열 사람 중에 공정을 맡은 이와 취사를 맡은 사람은 포함되지 않습니다. 나아가 싸워야 하는 병사는 수비하지 아니하고, 수비하는 자는 진격하지 아니합니다. 이렇게 하여 한 명이 열 명을 상대하고, 열 명이 백 명을 상대하며, 백 명이 천 명을 상대하고, 천 명이 만 명을 상대해야 합니다. 그러므로 성곽城郭이란 특별히 백성의 힘을 소비하여 흙이나 쌓는 그런 일이 아닙니다. 지켜내기 위한 것입니다.

천 길 높이의 성이라면 만 명이 지켜야 할 큰 성이니 둘레에 못을 깊고 넓게 파며 성벽은 견고하고 두껍게 하며, 병사와 백성은 수비 태세를 갖추고 땔감과 식량도 풍족하며, 활과 화살도 견고하고 강하며, 창도 그 용도와 숫자에 맞아야 합니다. 이것이 수비하는 방법입니다.

夫守者, 不失其險者也.

守法: 城一丈十人守之, 工食不與焉. 出者不守, 守者不出. 一而當十, 十而當百, 百而當千, 千而當萬. 故爲城郭者, 非特費於民聚土壤也, 誠爲守也.

千丈之城, 則萬人之城也, 池深而廣, 城堅而厚, 士民備, 薪食給, 弩堅矢强, 矛戟稱之, 此守法也.

【工食】공은 공병. 식은 취사병.
【特】아무런 연고가 없는 지역. 특수한 외지.
【萬人之城】일만 명이 지키는 성.
【池】池垓. 성 주위를 물로 둘러 적이 넘어오지 못하게 만든 해자.
【稱】그 용도와 사람 수에 맞음.

026(6-3)
구원군을 기다리는 수비

공격해 오는 적의 수가 십만 명 아래는 아니라 하더라도, 갇힌 그들에게 틀림없이 구원해 줄 부대가 올 것이라고 믿으면 끝까지 그 성을 지키려 들 것입니다. 그러나 자신을 구해 줄 구원병이 없을 것임을 확신하고 나면 그들은 성을 꼭 지켜내겠다는 의지를 잃게 됩니다. 만약 저들이 성을 견고히 하고 구원병을 확신한다면, 어리석은 사나이나 모자라는 부인이라 할지라도 성을 가득 덮고 있는 물자를 다 쓰면서 피를 흘릴지언정 성을 지켜내겠다고 하지 않는 자가 없게 될 것이며, 이렇게 만 일 년을 버틴다면 수비하는 쪽은 오히려 공격하는 쪽보다 여유가 있게 되고, 구원하러 오는 병사들도 수비하고 있는 자신들 아군보다 더 여유가 있게 될 것입니다.

그러나 저들이 성을 견고히 지키되 구원병이 오지 않을 것을 확신한다면, 어리석은 지아비나 못난 부인들일지라도 성벽에 기대어 눈물을 흘리지 않는 자가 없을 것입니다. 이는 사람의 평상적인 사정입니다. 그리하여 드디어 비축해 두었던 창고의 물건을 꺼내어 서로 위로하며 구제해 준다 해도 역시 이들의 눈물을 그치게 할 수는 없습니다. 이런 상황이라면 호걸준웅에게 북을 쳐 견고한 갑옷을 입은 자와 날카로운 무기를 든 자를 앞에 배치하고, 어리고 병든 자는 그 뒤에 모아 두어야 합니다.

적의 십만 군사가 성 아래에 머물러 공격을 서두르고 있을 때, 구원병은 포위를 뚫고 길을 열어 주고, 성 안에서 지키는 자들은 달려나와 협공을 서두르며 나와서는 적의 요새를 점거하여야 합니다. 그러나 그들 구원병은 단지 적군의 후미를 공격하며, 절대로 적군의 식량 보급로를 끊어지지 않도록 해 주되, 성 안의 우군과 밖의 구원군이 서로 호응이 되도록 해야 합니다.

이는 구원은 하되 확정적이 아님을 보여 주는 것으로, 확실한 구원이 아닐 수도 있음을 보여 준다면 적군은 도리어 미혹함을 느끼며 상황을 기다리고 있을 것입니다. 그 때 뒤에는 주력부대를 배치하고 앞에는 나약한 병사들을 배치하여 적으로 하여금 앞의 방어는 신경을 쓰지 않도록 하면, 수비하던 우군이 진격해 나올 때 이를 막을 수 없게 됩니다. 이를 수비할 때의 권모라 일컫는 것입니다.

攻者不下十餘萬之衆, 其有必救之軍者, 則有必守之城; 無必救之軍者, 則無必守之城.

若彼城堅而救誠, 則愚夫蠢婦無不蔽城, 盡資血城者. 朞年之城, 守餘於攻者, 救餘於守者. 若彼城堅而救不誠, 則愚夫蠢婦無不守陴而泣下, 此人之常情也. 遂發其窖廩救撫, 則亦不能止矣. 必鼓其豪傑雄俊, 堅甲利兵·勁弩强矢幷於前, 么麽毁瘠者幷於後.

十萬之軍頓於城下, 救必開之, 守必出之, 出據要塞, 但救其後, 無絶其糧道, 中外相應. 此救而示之不誠, 示之不誠, 則倒敵而待之者也. 後其壯, 前其老, 彼敵無前, 守不得而止矣. 此守權之謂也.

【蔽城】성 위에 많은 사람이 있음.
【血城】성을 지키며 죽음을 각오한 사람들.
【朞年之城】일 년 동안 버틸 수 있는 성.
【么麽毀瘠】'么麽'는 어리고 나약한 사람을 뜻하며 '毀瘠'은 상처 입고 마른 사람을 가리킴.
【倒敵】적을 미혹하게 함. 적이 의혹을 가지고 아군의 책략에 걸려듦.
【守不得而止矣】성을 지키는 병사가 출격하여 나가도 이를 막을 수 없음.
【守權】수비할 때의 權謀. 수비의 책략.

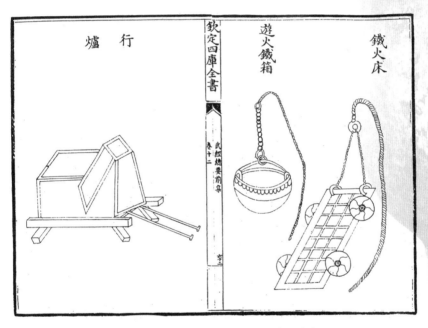

《武經總要》에 실려 있는 고대 각종 전투 장비

울료자

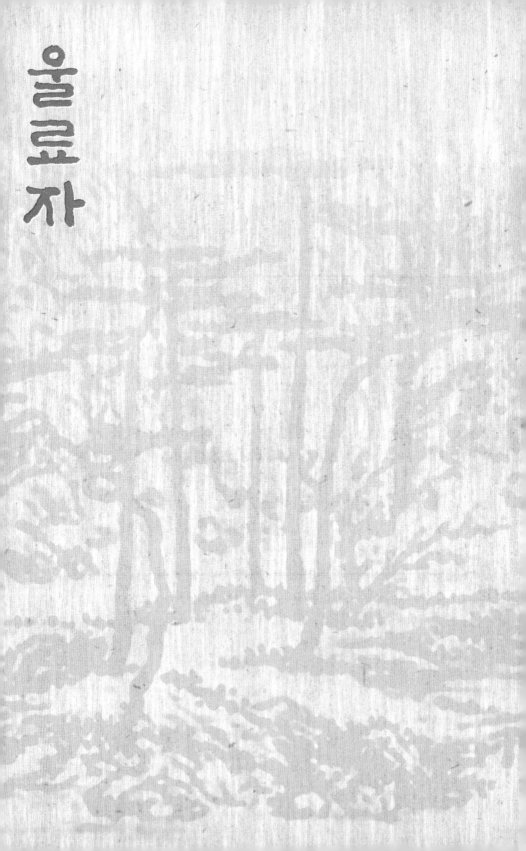

7. 십이릉十二陵

능陵이란 구릉을 말하며, 여기서는 분계分界의 뜻이다. 즉 장수
로서 갖추어야 할 12가지 통솔 능력의 표준을 말한다. 이 12가지가
제대로 갖추어지지 않았거나 혹은 수행하지 못했을 때 이는 곧
실패와 오류의 근원이 되며, 작전에서는 현실과 경험, 훈련 등을
총결산하여 모책을 짜고 실전에 임해야 함을 강조한 것이다.

큰 것을 다스릴 줄 아는 지혜

　군대의 위엄은 법이나 제도를 변경하지 아니하는 데에서 생기고, 은혜는 때를 잘 맞추어 주는 데에 있으며, 기회는 일에 대응할 때에 있는 것이며, 전투는 사기를 잘 다스리는 데에 있습니다. 그리고 공격은 뜻밖의 방법으로 하는 데에 성공이 있으며, 수비는 겉으로 힘을 과장하는 데에 있습니다.

　과실이 없는 것은 주도면밀하게 하는 데에 있으며, 곤란에 처하지 않는 것은 미리 방비를 잘 하는 데에 있습니다.

　그리고 삼감은 작은 일에도 경외심을 갖는 데에 있으며, 지혜는 큰 것을 다스릴 줄 아는 데에 있고, 화근을 없애려면 과감히 결단을 내릴 수 있어야 하며, 무리를 얻으려면 남에게 겸양을 베풀어야 합니다.

　威在於不變, 惠在於因時, 機在於應事, 戰在於治氣, 攻在於意表, 守在於外飾, 無過在於度數, 無困在於豫備, 謹在於畏小, 智在於治大, 除害在於敢斷, 得衆在於下人.

【意表】 뜻밖의 작전으로 적을 섬멸함.
【外飾】 밖으로 가장함. 거짓으로 꾸밈.
【度數】 헤아려 보고 셈을 정확하게 함. 그러나 〈三民本〉에는 '度'는 한도. '數'는 주도면밀함을 말한다고 하였음.
【下人】 남에게 공손히 함. 겸양을 말함.

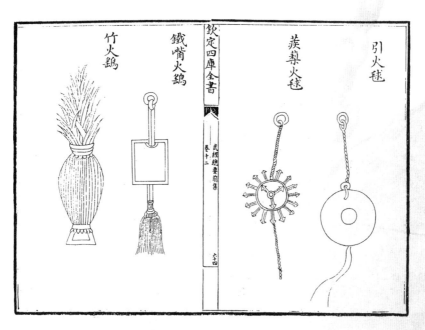

《武經總要》에 실려 있는 고대 각종 전투 장비

화근은 이익에 눈이 먼 데서 시작된다

후회는 의심스러운 일을 방치하는 데에서 생기며, 재앙은 모조리 죽이는 일을 저지르는 데에서 생기며, 치우침은 사사로운 일을 많이 저지를 때 생기며, 상서롭지 못한 일은 자신의 과실을 지적할 때 이를 듣기를 싫어하는 데에서 생깁니다. 그리고 탁지度支를 제대로 맞추지 못함은 백성의 재물을 고갈시킨 데서 비롯되며, 명석하지 못함은 간자의 말을 받아들인 데에서 시작되며, 실질적이지 못한 경우는 경솔하게 일을 벌인 데서 시작됩니다.

고집과 비루함은 어진 이를 멀리하는 데에서 비롯되고, 화근은 이익을 좋아하는 데에서 생겨나며, 손해는 소인을 가까이하는 데에서 비롯되며, 멸망은 지킬 바가 없는 데에서 시작되고, 위험은 호령號令이 제대로 갖추어지지 않은 데에서 시작됩니다.

悔在於任疑, 孼在於屠戮, 偏在於多私, 不祥在於惡聞己過, 不度在於竭民財, 不明在於受間, 不實在於輕發, 固陋在於離賢, 禍在於好利, 害在於親小人, 亡在於無所守, 危在於無號令.

【任疑】 믿고 맡기거나 혹은 의심함.
【度】 재정의 수입지출. 탁지(度支).
【輕發】 경솔하게 일을 벌임.

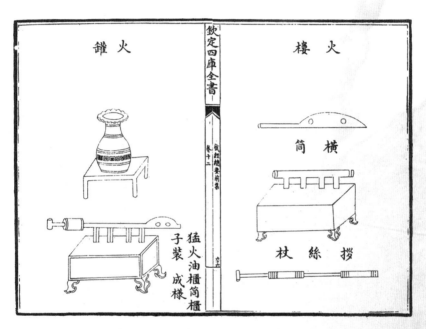

《武經總要》에 실려 있는 고대 각종 전투 장비

울료자

8. 무의武議

　본편은 군사를 동원할 때 어떤 명분과 도리를 가지고 나설 것인
가에 대한 의논이다. 전쟁이란 포악함을 제거하고 불의를 주벌하기
위한 것이며, 그렇다 해도 이길 수 있는 전쟁을 해야 한다는 것이다.
그리고 장수는 임금과 긴밀한 관계를 유지하여 장수로서의 지휘권을
확보하며, 상벌 규정을 명확히 할 것을 주장하고 있다.

029(8-1)
농부는 논밭을 떠나지 아니하게

　무릇 병력이란 죄 없는 성을 공격해서는 안 되며, 죄 없는 사람을 죽이는 일이어서도 안 됩니다. 무릇 남의 부형을 죽이거나 남의 재물을 이익으로 여기거나 남의 자녀를 신첩臣妾으로 삼는 것은 모두가 도둑질입니다.

　그러므로 군대란 폭란을 주벌하고 불의를 금하기 위한 것입니다. 병력이 이르러 가는 곳이라 할지라도 그 곳 농부는 그 농사짓는 농토를 떠나지 아니하며, 장사꾼은 그 가게를 떠나지 않으며, 사대부는 그 관부官府를 떠나지 않도록 하여야 합니다. 무력을 행사하는 것은 죄 있는 한 사람에게만 그침으로써 군대는 칼에 피 한 방울 묻히지 아니하고도 천하가 친해 오도록 해야 하는 것입니다.

　凡兵, 不攻無過之城, 不殺無罪之人. 夫殺人之父兄, 利人之財貨, 臣妾人之子女, 此皆盜也. 故兵者, 所以誅暴亂·禁不義也. 兵之所加者, 農不離其田業, 賈不離其肆宅, 士大夫不離其官府, 由其武議在於一人, 故兵不血刃, 而天下親焉!

【利】이익에 욕심을 부림.
【賈】商賈. 장사를 하는 사람. '고'로 읽음.
【肆宅】점포. 상점.
【農無不離田業~士大夫無不離官府】이는 040과 중복되어 있다.

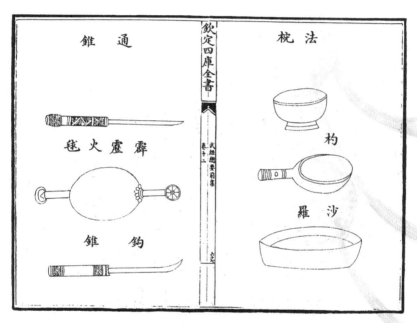

《武經總要》에 실려 있는 고대 각종 전투 장비

030(8-2)
나라 규모에 맞는 전쟁을

    만 승의 나라는 농사를 지으면서 전쟁을 하고, 천 승의 나라는 자신을 구원하고자 지키는 데에 주력하며, 백 승의 나라는 생업에 종사하면서 백성을 잘 양육합니다. 농사를 지으면서 전쟁을 할 때는 다른 나라에 권세로써 요구해서는 안 되며, 자신을 지키는 데에 주력하는 자는 다른 나라에 도움을 요구해서는 안 되며, 생업에 종사하면서 양육에 힘쓰는 나라는 다른 나라에게 물자를 요구해서는 안 됩니다.

    무릇 출병하여 전쟁을 치를 수 없거나, 들어와서는 수비를 해 낼 수 없는 경우라면 시장을 잘 활용하여야 합니다. 시장이란 전쟁 물자를 공급해 주고 땅을 지켜내는 곳입니다. 만 승의 나라로서 천 승의 나라 도움이 없다면 반드시 백 승의 나라가 시장을 활용하듯이 하여야 합니다.

    萬乘農戰, 千乘救守, 百乘事養. 農戰不外索權, 救守不外索助, 事養不外索資.

    夫出不足戰, 入不足守者, 治之以市. 市者, 所以給戰·守地. 萬乘無千乘之助, 必有百乘之市.

【萬乘】 천자의 나라. 혹은 매우 강대한 국가를 말함.

【農戰】 농업 진흥을 통해 생산을 늘리면서 전쟁에 대하여 단호하게 나섬.

【救守】 자신을 지키는 것으로 구제를 삼음.

【事養】 자신의 일상적인 삶에 충실하면서 다른 일에는 시비를 걸지 않음.

【索權】 索은 '요구하다'의 뜻.

【給戰守地】 전투와 수비에 여러 가지 물자를 공급함. '地'자는 구체적으로 알 수 없음. '也'자의 오기가 아닌가 함.

【必有百乘之市】 백 승의 나라처럼 시장과 무역을 발전시켜 수입을 늘려야 한다는 뜻임.

031(8-3)
형벌은 위로, 상은 아래로

무릇 주벌이란 무武를 명확히 하기 위한 것입니다. 한 사람의 범법자를 죽여 삼군三軍이 떤다면 이는 죽여야 합니다. 한 사람의 악인을 죽여 만 사람이 즐거워한다면 이는 죽일 수밖에 없습니다. 죽음을 당해야 할 상대는 높은 직위의 사람일수록 효과가 있으며 상을 내릴 때는 직위가 낮은 사람일수록 효과가 있습니다. 마땅히 죽여야 할 자라면 비록 귀중한 지위에 있다 해도 반드시 죽여야 합니다. 이는 형벌이란 위로 끝까지 가야 함을 말합니다. 상이란 소먹이는 어린아이나 말 기르는 천한 자에게까지 미쳐야 하는 것이니, 이는 상이란 아래로 흘러야 함을 말합니다.

무릇 능히 형벌이 위로 끝까지 미치고, 상이 아래로 흘러내리게 할 수 있다면 이것이 장수로서 무武를 실행하는 것이니, 이 때문에 임금이 장수를 중요하게 여기는 까닭입니다.

무릇 장수란 북을 들고 북채를 휘둘러 국난에 임하여 전투로 결단을 내며, 무기로 접전하며 칼날로 각축전을 벌이는 것이니, 그가 지휘하는 북소리가 정당하면 공에 대한 상이 주어지고 그 명예가 세워지는 것이지만, 만약 그 지휘의 북소리가 부당하면 그 자신은 죽고 나라도 망하고 마는 것입니다. 이처럼 국가의 흥망과 안위가 그 장수의 북채 끝에 달려 있으니, 어찌 장수를 중시하지 아니할 수 있겠습니까?

凡誅者, 所以明武也. 殺一人而三軍震者, 殺之; 殺一人而萬人喜者, 殺之. 殺之貴大, 賞之貴小, 當殺而雖貴重必殺之, 是刑上究也; 賞及牛童馬圉者, 是賞下流也. 夫能刑上究·賞下流, 此將之武也. 故人主重將.

夫將提鼓揮枹, 臨難決戰, 接兵角刃, 鼓之而當, 則賞功立名; 鼓之而不當, 則身死國亡. 是興亡安危應在於枹端, 奈何無重將也?

【明武】무(武)의 중요함을 명확히 밝힘.
【牛童馬圉】소 치는 목동이나 말 기르는 마부. 지위가 낮은 자를 가리킴.
【枹】북채.
【角刃】칼날을 맞대고 싸움. 전투가 벌어짐.

갑옷과 투구에 이가 들끓어

　무릇 북을 들고 북채를 휘두르며, 무기를 맞대고 칼끝으로 접전하는 일에서, 임금으로서 무사武事로써 공을 이루는 일에 대하여 저는 어려운 것이 아니라 생각합니다. 옛사람은 '공격용 큰 전함이 없는데도 공격을 서두르고, 가시철망을 설치하지 않은 채 수비를 하고 있다면, 이는 준비를 잘 갖춘 군대라 할 수 없다'라 하였습니다.

　눈으로 보는 것이 없고 귀로 듣는 것이 없는 것은, 나라에 시장이 없는 것과 같습니다. 무릇 시장이라고 하는 곳은 온갖 상품이 관리되는 곳입니다. 값이 싼 것은 사게 되고, 값이 비싼 것은 팔게 됩니다. 그러한 값에 의해 병사와 인민들이 제한을 받습니다.

　병사들이 하루 한 말을 먹고 말에게 콩 세 말을 먹이면서도 병사들이 주린 기색이요, 말이 수척한 모습이라면 어찌 그렇겠습니까? 시장에서 나는 것을 관리하면서 주관하는 것이 없기 때문입니다. 무릇 천하의 조절과 제한을 관장한다면서 시장의 온갖 물건을 관리하지 못한다면, 이는 전투에 능한 군대라 말할 수 없습니다.

　군대가 출발하여 계속해서 병사들로 하여금 갑옷과 투구에 이가 생길 지경이라면, 이는 틀림없이 나를 위해 열심을 다하지 않을 수 없기 때문입니다. 새매가 참새를 잡고자 덤벼들면, 참새는 사람의 품이나 사람의 집 안도 무서워하지 않고 달려들 것입니다. 이는 그 참새의 본성이 아니라 바로 뒤에 더 무서운 것이 있기 때문입니다.

夫提鼓揮枹, 接兵角刃, 君以武事成功者, 臣以爲非難也. 古人曰: 「無蒙衝而攻, 無渠答而守. 是謂無善之軍.」

視無見, 聽無聞, 由國無市也. 夫市也者, 百貨之官也, 市賤賣貴, 以限士人.

人食粟一斗, 馬食菽三斗, 人有飢色, 馬有瘠形, 何也? 市有所出, 而官無主也. 夫提天下之節制, 而無百貨之官, 無謂其能戰也!

起兵, 直使甲冑生蟣蝨者, 必爲吾所劾用也. 鷙鳥逐雀, 有襲人之懷, 入人之室者, 非出生也, 後有憚也.

【蒙衝】艨艟으로도 쓰며 공격용 전함. 疊韻語의 물명.
【渠答】철조망. 鐵蒺藜. 적의 공격이나 진입을 막기 위한 시설 중에 날카로운 침을 마련하여 이를 얽어 설치함.
【無善之軍】장비를 제대로 갖추지 못한 군대.
【由國無市也】'猶'와 같으며 '如'의 뜻. 나라에서 시장을 잘 관리하지 못하여 물자 공급이 따라가지 못했다는 뜻임.
【官】'管'과 같음. 관리함.
【以限士人】옛날 병사들은 무기와 장비를 스스로 구입한 것으로 시장에서 이를 조달함을 뜻한다고 함.
【食粟一斗】사람이 하루에 먹는 식사량과 소요되는 양식.
【蟣蝨】이.
【鷙鳥】매나 수리 따위의 맹금류.
【出生】본성에서 나옴. '生'은 '性'과 같음. 이 구절은 이가 생기도록 참고 있는 것은, 마치 참새가 사람의 집으로 달려들어 피하듯이 적과의 전투를 두려워 하여 참아내고 있다는 뜻으로 보임.

033(8-5)
천리마에게도 채찍은 필요한 것

강태공姜太公 여상呂尙은 나이 일흔에 조가朝歌에서 소잡는 백정 노릇을 했고, 맹진盟津에서는 밥장사를 했으며, 일흔이 넘도록 은殷나라 임금 주紂가 자신의 의견을 들어 주지 않았습니다. 그 때 사람마다 모두 그를 미친 자라 불렀습니다. 그런데 그가 문왕文王을 만나자, 3만의 군사로 한 번 싸워 천하를 안정시켰습니다. 이는 무의武議가 이에 부합하지 아니하고서야 어찌 될 수 있는 일이었겠습니까?

그러므로 '뛰어난 말에게 채찍이 있음으로 먼 길을 갈 수 있고, 뛰어난 선비는 의견의 합치가 있어야 대도를 밝힐 수 있다'라 한 것입니다.

太公望年七十, 屠牛朝歌, 賣食盟津, 過七十餘而主不聽, 人人謂之狂夫也. 及遇文王, 則提三萬之衆, 一戰而天下定, 非武議安得此合也? 故曰:「良馬有策, 遠道可致; 賢士有合, 大道可明.」

【太公望】呂尙. 姜尙. 자는 子牙. 周 武王을 도와 殷의 紂를 멸한 姜太公. 은나라의 폭정을 보고 渭水 가에서 낚시질을 하다가 무왕을 만났다 함. 文王의 할아버지 태공(古公亶甫)이 주나라를 위해 귀인이 나타날 것을 오래도록 기다렸는데 여상이 바로 그 사람이라 하여(吾太公望子久矣) '望'자를 붙여 불렀음. 《史記》齊太公世家 참조. 한편 《六韜》文韜 文師에 "文王將田, 史編布卜曰:「田于渭陽, 將大得焉. 非龍, 非彲, 非虎, 非熊, 兆得公侯, 天遺汝師, 以之佐昌, 施及三王.」文王曰:

「兆致是乎?」史編曰:「編之太祖史疇, 爲禹占, 得皐陶, 兆比于此.」文王乃齋三日, 乘田車, 駕田馬, 田于渭陽, 卒見太公, 坐茅以漁"라 함.

【屠牛朝歌】 강태공이 미천할 때 朝歌(지금의 淇縣 근처)에서 소를 잡는 천한 일로 생업을 이었다 함.

【盟津】 孟津으로도 표기하며 지금의 河南省 孟津. 주 무왕이 이곳에서 제후를 집결하여 맹세한 다음 은나라와 싸워 盟津이라고도 함. 역시 강태공이 일찍이 이곳에서 밥장사를 하였다 함.

【文王】 주나라 개국 군주로 이름은 姬昌. 后稷(姬棄)를 시조로 하며 戎狄 사이를 돌아 서쪽 지역에 이르러 덕정을 베풀어 西伯으로 불렸으며 그의 아들 武王 때 이르러 殷을 멸하고 이상적인 封建王朝를 이룬 것으로 역사가들은 칭송하였음. 《史記》 周本紀 참조.

034(8-6)
길흉이 승패를 가르지는 않는다

무왕武王이 은나라 주紂를 치고자 군사들이 맹진盟津을 건널 때, 왼쪽에는 깃발을, 오른쪽에는 도끼를 잡고, 결사대 3백 명과 전사 3만 명이었습니다. 주왕은 억만 명으로 진을 치고, 주의 장수 비렴飛廉과 악래惡來는 몸소 창과 도끼를 들고 앞서 그들이 포진한 거리는 백 리를 넘을 정도였지요. 그러나 무왕은 병사와 백성들을 조금도 피폐하게 하지 않았으며, 무기에 피를 묻히지도 않은 채 상商나라 주를 쳐서 이겼으니, 이는 무슨 길조가 있어서가 아니었습니다. 오로지 인사人事가 잘 닦였는가의 차이에 의해 그렇게 되었을 뿐이었습니다.

그런데 지금 세속의 장수들은 고허孤虛를 살펴보고 함지咸池를 점치며, 거북으로 점을 치고 길흉을 따져 보며, 하늘의 별자리나 바람과 구름의 변화를 살펴 이로써 승리를 얻고 공을 세우고자 하고 있으니, 제가 생각하기로는 이렇게 해서는 어려울 것으로 여깁니다.

武王伐紂, 師渡盟津, 右旄左鉞, 死士三百, 戰士三萬. 紂之陳億萬, 飛廉·惡來身先戟斧, 陳開百里. 武王不罷士民, 兵不血刃, 而克商誅紂, 無祥異也, 人事脩不脩而然也.

今世將考孤虛, 占咸池, 合龜兆, 視吉凶, 觀星辰風雲之變, 欲以成勝立功, 臣以爲難.

【武王伐紂】周 武王 姬發이 아버지 文王(姬昌)의 뜻을 이어받아 당시 폭정을
일삼던 殷의 紂王을 멸한 전쟁.
【飛廉·惡來】은나라 紂王의 신하이며 장수. 비렴은 악래의 아버지이며 달리기에
뛰어난 힘을 가지고 있었고, 악래는 힘이 뛰어난 장사였다 함. 뒤에 주나라와의
전투에서 악래는 전사하고, 비렴은 도망하였다 함. 《史記》 秦本紀 참조.
【祥異】길조와 흉조의 차이.
【孤虛】年月日時를 근거로 길흉을 점치는 방법. '孤'는 불길한 방위이며 '虛'는
길상을 나타내는 방위라 함.
【咸池】원래는 별 이름. 여기서는 별자리를 보고 길흉을 점치는 방법을 말함.
【龜兆】거북 등을 지져 그에 나타나는 裂痕을 보고 점치는 방법.

035(8-7)
장수는 아무에게도 통제받지 않아야

무릇 장수라고 하는 자는 위로는 하늘에게도 제약받지 아니하고, 아래로 땅으로부터도 제약받지 아니하며, 가운데로 사람에게도 통제받지 아니합니다.

그러므로 무기란 흉한 도구이며, 전쟁이란 덕을 거슬리는 것입니다. 그리고 장수란 죽음을 담당하는 관직입니다. 그러므로 부득이할 때만 이를 사용하여야 합니다.

하늘로부터 제약이 없고 땅으로부터 제약이 없으며, 임금으로부터 뒤에서 통제받지 않으며, 그의 앞에는 맞설 적이 없이 한 사람이 거느린 병사가 마치 이리나 호랑이처럼 또는 바람이나 비처럼, 번개나 우레처럼, 우르릉쾅쾅하면 천하가 다 놀라게 됩니다.

훌륭한 군대는 마치 물과 같습니다. 무릇 물이란 지극히 유약한 것이지만, 그것이 부딪치는 언덕은 반드시 무너지고 마는 것은 다른 이유에서가 아닙니다. 그 물은 성격이 한 가지로 반복하여 끊임없이 치기 때문입니다.

지금 막야莫邪라는 날카로운 칼과 물소나 외뿔소 가죽처럼 질긴 갑옷에, 삼군의 무리가 모든 기병奇兵과 정병正兵의 작전을 운용한다면, 천하 그 누구도 그에 맞서 싸울 수가 없을 것입니다.

그러므로 '어진 이를 거용하고 능력 있는 자를 임명하면 어느 날이나 일마다 이롭지 않은 경우가 없고, 법령이 명확하고 잘 심사되면 점을 치지 않아도 일마다 길조가 나타나며, 공을 귀히 여기고 힘들게 노동하는 자를 잘 보살펴 주면 기도하지 않아도 복이 저절로 들어온다'라 한 것입니다.

또 '하늘의 시기는 지세의 이로움만 못하고, 지세의 이로움은 사람의 화목만 못하다'라 하였으니, 성인聖人은 그저 사람의 일을 삼갔을 뿐이었습니다.

夫將者, 上不制於天, 下不制於地, 中不制於人. 故兵者, 凶器也; 爭者, 逆德也; 將者, 死官也. 故不得已而用之.

無天於上, 無地於下, 無主於後, 無敵於前. 一人之兵, 如狼如虎, 如風如雨, 如雷如霆, 震震冥冥, 天下皆驚.

勝兵似水, 夫水至柔弱者也, 然所以觸丘陵, 必爲之崩, 無異也, 性專而觸誠也.

今以莫邪之利, 犀兕之堅, 三軍之衆, 有所奇正, 則天下莫當其戰矣!

故曰:「擧賢用能, 不時日而事利; 明法審令, 不卜筮而獲吉; 貴功養勞, 不禱祠而得福」又曰:「天時不如地利, 地利不如人和」古之聖人, 謹人事而已!

【凶器】사람을 죽이게 하는 흉한 무기라는 뜻. 不祥之器와 같음.《老子》31장에 "夫佳兵者不祥之器, 物或惡之, 故有道者不處. 君子居則貴左, 用兵則貴右. 兵者不祥之器, 非君子之器, 不得已而用之, 恬淡爲上. 勝而不美, 而美之者, 是樂殺人. 夫樂殺人者, 則不可得志於天下矣. 吉事尙左, 凶事尙右. 偏將軍居左, 上將軍居右. 言以喪禮處之. 殺人之衆, 以悲哀泣之, 戰勝以喪禮處之"라 하였음. 한편 이 구절은 075와 중복되어 있다.

【夫將者~制於人】이 구절은 004와 중복되어 있다.

【死官】사형을 책임진 관원.

【莫邪】고대 전설상의 명검. 干將과 더불어 吳나라 부부가 만든 칼이라 함. 《吳越春秋》에 "干將, 吳人. 莫邪, 干將之妻, 干將作劍, 莫邪斷髮剪爪, 投於爐, 金鐵乃濡, 遂以成劍, 陽曰干將, 陰曰莫邪"라 함.

【犀兕】물소와 외뿔소. 그 가죽이 견실하여 이를 가지고 갑옷이나 투구 등을 만들었음.

【奇正】奇正은 가장 중요하며 자주 거론되는 상대적 대립 개념으로 모략과 전법 등에 널리 쓰이는 용어. 즉 일반적이며 상식적인 것을 일러 '正'이라 하며, 특수하고 기이한 방법, 의외의 작전 등을 '奇'라 함.《孫臏兵法》奇正篇에 "奇發而爲正, 其未爲發者, 奇也"라 하였으며,《唐太宗李衛公問對》에는 "太宗曰: 吾之正, 使敵視以爲奇; 吾之奇, 使敵視以爲正, 斯所謂形人者歟? 以奇爲正, 以正爲奇, 變化莫測, 斯所謂無形者歟?"라 함.

【卜筮】거북 등껍데기나 시초(蓍草)로 점을 치는 것.

【故曰~人事而已】이 구절은 016과 중복되고 있다.

036(8-8)
남에게 죽음을 요구하면서

　오기吳起가 진秦나라와 전투를 벌일 때 일반 백성의 농토를 깎아 막사를 짓는 일이 없었으며, 잔나무 가지를 덮어 겨우 서리와 이슬을 막았습니다. 이렇게 한 까닭은 무엇이었겠습니까? 자신이 남보다 높다고 여겨서는 안 되었기 때문이었습니다. 남의 목숨을 요구하는 자가 자신을 높여 달라고 할 수 없는 법이며, 남에게 힘을 다 쓰도록 요구하는 자는 그에게 예를 갖추라고 책할 수 없는 것입니다. 그 때문에 옛날에는 갑옷과 투구로 무장한 병사는 배례를 하지 않아도 되었으니, 이는 장수인 자신을 위하여 번거롭게 하지 않아도 됨을 보여 주는 것입니다.

　무릇 사람을 번거롭게 하면서 그에게 죽음을 요구하거나, 그 힘을 다 써 달라고 하는 것은 예로부터 지금에 이르도록 들어 본 적이 없습니다.

　吳起與秦戰, 舍不平隴畝, 樸樕蓋之, 以蔽霜露, 如此何也? 不自高人故也. 乞人之死不索尊, 竭人之力不責禮, 故古者, 甲冑之士不拜, 示人無己煩也. 夫煩人而欲乞其死·竭其力, 自古至今, 未嘗聞矣!

【隴畝】밭두둑. 농사짓는 일을 말함.

【樸樕】빽빽이 난 관목을 가리킴. 잔나무 가지를 뜻함. 이를 덮어 서리와 이슬을 막고 잤음을 말함.

【自高人】스스로 높은 지위에 있다고 여기는 사람.

【索尊】존경받기를 요구함. '索'은 '요구하다'의 뜻.

【甲冑】갑옷과 투구. 이렇게 무장을 한 병사는 상관에게 拜禮를 하지 않아도 됨을 말함.《司馬法》天子之義편에 "介者不拜, 兵車不式, 城上不趨, 危事不齒. 故禮與法表裏也"라 함.

037(8-9)
장수가 명을 받은 날

장수로서 임금의 명을 받은 날에는 자신의 집안일은 잊어야 하며, 군대를 풀어 들에서 숙영宿營할 때라면 그 가족을 잊어야 하고, 북채를 잡고 북을 울릴 때는 자신도 잊어야 합니다.

오기吳起가 전투에 임하자 좌우 부하가 그에게 칼을 바쳤습니다. 그러자 오기는 '장수는 오로지 깃발과 북을 전적으로 주관하면 될 뿐이다. 어려운 문제에 임하여 의혹을 결단하여 병사들과 무기 사용을 지휘하는 것, 이것이 장수로서 할 일이다. 칼 한 자루로 할 수 있는 일이란 장수의 업무가 아니다'라 하였습니다.

삼군三軍이 대오를 이루어 행진할 때 30리를 간 뒤에 90리를 서로 이어지도록 하며, 이렇게 90리가 이어진 다음에는 마치 냇물을 터 놓은 듯이 밀고 나가야 합니다. 앞에 적이 있는 것이 멀리 보이면 그들의 뛰어난 장점을 바탕으로 이를 잘 활용하여야 합니다. 예를 들면 적이 흰색으로 표시를 해 두었다면 자신들도 흰색을 발라 알 수 없도록 하고, 그들이 붉은색으로 표시를 해 두었다면 자신들도 붉은색으로 위장을 하여야 합니다.

將受命之日, 忘其家; 張軍宿野, 忘其親; 援枹而鼓, 忘其身.

吳起臨戰, 左右進劍. 起曰:「將專主旗鼓耳, 臨難決疑, 揮兵指刃, 此將事也. 一劍之任, 非將事也.」

三軍成行, 一舍而後成三舍, 三舍之餘, 如決川源. 望敵在前, 因其所長而用之: 敵白者堊之, 赤者赭之.

【將受命之日~忘其身】《史記》司馬穰苴列傳에 "穰苴曰:「將受命之日則忘其家, 臨軍約束則忘其親, 援枹鼓之急則忘其身.」"이라 함.
【張軍】군대를 포진시키고 배치함.
【舍】군대의 하루 행군 거리를 '一舍'라 함. 30리 정도의 거리를 말함.
【堊】생석회 따위의 白堊土. 백토.
【赭】붉은색. 본문의 색깔 위장은 구체적으로 알 수 없음.

038(8-10)
남보다 앞서 공을 세웠건만

오기吳起가 진秦나라와 전투를 벌일 때 아직 교전이 시작되지도 않았는데 한 부하가 용맹을 억제하지 못하고 앞으로 나아가 적의 머리 둘을 잘라 가지고 돌아왔습니다. 그러자 오기는 그 자리에서 이 자의 목을 쳐 버리려 했습니다. 부하 관리가 "이는 재사材士입니다. 참수해서는 안 됩니다"라 하자 오기는 이렇게 말했답니다.

"재사가 바로 이런 자냐? 내 명령대로 움직이지 않았다."

그리고는 참수해 버렸습니다.

吳起與秦戰, 未合, 一夫不勝其勇, 前獲雙首而還. 吳起立斬之. 軍吏諫曰:「此材士也, 不可斬!」起曰:「材士則是矣! 非吾令也!」斬之.

【未合】아직 합전하지 않음. 전투가 정식으로 벌어지지 않은 상태.
【材士】재능이 뛰어난 군사. 병사.
【材士則是矣】재사란 장군의 명령을 그대로 지키는 자여야 한다는 뜻.

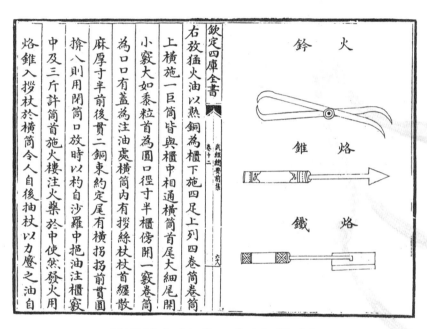

《武經總要》에 실려 있는 고대 각종 전투 장비

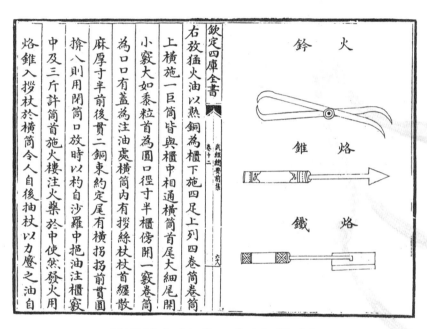

火鈴

錐烙

鐵烙

武經總要前集　卷十二

右放猛火油以熟銅為櫃下施四足上列四巻筒巻筒

上横施一巨筒皆與櫃中相通横筒首尾大細尾開

小竅大如黍粒首為圓口徑寸半櫃傍開一竅巻筒

為口口有蓋為注油處横筒内有撥絲杖首緾散

麻厚寸半前後貫二銅束約定尾有横拐拐前貫圓

摅入則用閉筒口放時以杓自沙羅中挹油注櫃竅

中及三斤許筒首施火樓注火藥於中使然發火用

烙錐入撥杖於横筒令人自後抽杖以力壓之油自

六六八

8. 무의 137

울료자

9. 장리將理

　본편에서는 전국시대 특징인 중형주의重刑主義와 연좌법連坐法에 대하여 자세하게 설명하고, 그 효용성을 긍정적으로 보고 있다. 그러나 그 법치주의의 지나친 폐단으로 감옥이 넘치고 소송이 범람하여 양민이 이에 연루된 경우를 들고 있으며, 아울러 뇌물로 인한 사회 피폐 현상도 거론하면서 이를 해결하기 위한 방법으로 오직 사사로움이 없도록 해야 함을 주장하고 있다.

039(9-1)
장수는 사사로움이 있어서는 안 된다

　무릇 장수란 법관이며 만물을 주관하는 자로서 단 한 사람에게도 사사로이 해서는 안 됩니다.

　무릇 단 한 사람에게도 사사로이 함이 없기 때문에 만물이 모두 그에 의해 통제되며, 만물이 모두 그에 이르러 명령을 받는 것입니다.

　군자는 다섯 걸음 밖에 있는 범인을 찾아 심문하지 아니하는 것이니, 비록 환공桓公의 혁대 쇠고리를 쏜 자라 할지라도 이를 추궁하지 않는 것입니다. 그러므로 범인의 사정을 잘 심문하는 방법이란 그에게 매나 회초리를 기다릴 것도 없이, 범인이 사정을 스스로 다 고백하도록 일을 마칩니다.

　사람의 등을 태질한다거나 그의 옆구리를 지지거나 그의 손가락을 묶어 그 죄인의 정황을 심문한다면, 비록 국사國士라 할지라도 그 잔혹한 고통을 이기지 못하고 스스로 자신에게 불리한 자백을 할 수밖에 없습니다.

　지금, 세상의 속담에 '천 금을 내는 자는 사형에 처하지 아니하며, 백 금을 무는 자에게는 형벌을 가하지 않는다'라 합니다.

　시험삼아 저의 방법을 들어 보시면 비록 요순堯舜과 같은 지혜를 가졌다 해도 저의 단 한 마디에도 관여할 수 없으며, 비록 만 금을 가진 자라 해도 단 한 푼의 돈도 뇌물로 쓸 수 없을 것입니다.

凡將, 理官也, 萬物之主也, 不私於一人. 夫能無私於一人, 故萬物至
而制之, 萬物至而命之.

君子不救囚於五步之外, 雖鉤兵射之, 弗追也. 故善審囚之情, 不待
箠楚, 而囚之情可畢矣.

笞人之背, 灼人之脅, 束人之指, 而訊囚之情, 雖國土有不勝其酷
而自誣矣.

今世諺云:「千金不死, 百金不刑.」試聽臣之術, 雖有堯舜之智, 不能
關一言; 雖有萬金, 不能用一銖.

【理官】 고대 재판관. 법무관.
【救囚】 범인을 찾아 심문함. '救'는 '求'와 같음.
【鉤矢射之】 이는 춘추시대 齊나라 桓公의 고사와 관련이 있다. 齊나라에 난이
  일어나 管仲이 小白을 모시고 莒 땅에 피신하였고, 鮑叔은 公子 糾를 모시고
  魯나라에 피신하였다. 그 뒤 제나라에 임금자리가 비자, 둘 중 먼저 제나라에
  이르는 자가 임금이 되게 되어 있었다. 이에 먼저 나선 공자 규의 일행이 소백(관중)
  의 일행을 중간에서 맞아 활로 소백을 쏘았을 때 소백의 허리띠 쇠고리에 맞았다.
  이에 소백은 죽은 척하고 쓰러졌다가 지름길로 제나라에 이르러 임금이 되었다.
  이가 환공이며 春秋五霸의 首長이었다.《史記》齊太公世家 참조.

【箠楚】 나무 몽둥이와 가시. 고대 죄인을 다스리던 刑具. 여기서는 죄인을 고문함을 말함.

【笞灼】 태질을 하고 불로 지지며 고문함.

【國士】 나라를 위해 죽기를 각오하여 어떠한 경우에도 사실을 자백하지 아니하는 자.

【自誣】 스스로 견디지 못하여 거짓 진술하거나 위증함.

【千金不死】 천 금의 재산을 가진 집안 자녀는 사형에 해당하는 죄를 지어도 속금을 물면 이를 면할 수 있음. 그러나 여기서는 뇌물로 이를 활용하여 죄에서 벗어남을 뜻하는 말로 사용되었음.

【堯舜】 唐堯와 虞舜. 고대 성인으로 추앙받던 제왕들.

【銖】 물건의 무게를 다는 단위. 24銖가 1兩이라 함. 매우 미세함을 말함. 여기서는 아주 작은 양의 뇌물. 그 어떠한 뇌물도 용납되지 아니함을 말함.

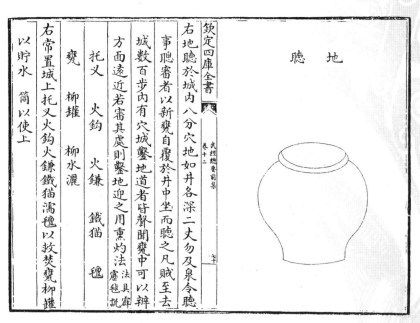

地　聽

右地聽於城内八分穴地如井各深二丈勿及泉令聽
事聽審者以新甕自覆於井中坐而聽之凡賊至去
城數百步内有穴城鑿地道者皆聲聞甕中可以辨
方面遠近若審其處則鑿地迎之用熏灼法　法具霹靂說

托义　火鈎　火鎌　鐵猫　氊

甕　柳罐　柳水濾

右常置城上托义火鈎火鎌鐵猫濡氊以救焚甕柳罐

以貯水　筒以使上

《武經總要》에 실려 있는 고대 각종 전투 장비

수감자에 연루된 사람들

　지금 무릇 송사의 판결로 작은 감옥은 수십 개 아래는 아니며, 중간 감옥도 수백 개 이하는 아니며, 큰 감옥은 수천 개 이하는 아닙니다. 열 사람이라면 백 명이 이 사건에 연루되어 있고, 백 사람이라면 천 명이 연루되어 있으며, 천 사람이라면 만 명이 연루되어 있습니다. 그런데 그렇게 연루되어 있는 자는 모두가 친척이나 형제일 것이며, 그 다음으로는 인척관계일 것이요, 그 다음은 친구나 서로 안면 있는 사람들일 것입니다. 이들은 농부라면 적이 와도 그 농토를 떠날 수 없는 이들이요, 장사꾼이라면 그 점포를 떠날 수 없는 자들이며, 사대부라면 그 관부官府를 떠날 수 없는 이들입니다. 이처럼 선량한 백성들이 이에 연관되어 있으니 모두가 그 범인의 사정에 얽혀 있습니다.

　병법에는 '10만 명의 군대를 내고자 하면 하루에 천 금이 소비된다'라 하였습니다. 지금 선량한 백성 10만 명이 감옥에 들어간 자에게 연루되어 있는데도, 윗사람으로서 이를 능히 살펴보지 않고 있으니 제 생각으로는 매우 위험하다 여깁니다.

今夫決獄, 小圄不下數十, 中圄不下數百, 大圄不下數千. 十人聯百人之事, 百人聯千人之事, 千人聯萬人之事, 所聯之者, 親戚兄弟也; 其次, 婚姻也; 其次, 知識故人也. 是農無不離田業, 賈無不離肆宅, 士大夫無不離官府. 如此關聯良民, 皆囚之情也.

兵法曰:「十萬之師出, 日費千金.」今良民十萬, 而聯於囹圄, 上不能省, 臣以爲危也.

【獄】송사가 생김.
【圄】'감금하다'의 동사.
【婚姻】여기서는 인척을 말함.
【知識】서로 알고 있거나 안면이 있는 관계. 知人과 識人.
【農無不離田業~士大夫無不離官府】이는 029와 중복되어 있음.
【囹圄】감옥.

울료자

10. 원관原官

　원관原官은 원관源管과 같다. 즉 국가의 관리로부터 군대의 지휘
계통에서의 원칙을 설명한 것이다. 직업과 신분 구분을 명확히
하여 자신의 임무를 수행하는 것이 전쟁시대의 질서를 유지하는
길이라 본 것이다. 일종의 정치 토론에 가까우며 전국시대의 시대
상을 일부 반영한 것이라 볼 수 있다.

문무를 구분한 통치술

　관직이란 일을 주관하는 것이니 다스림의 근본으로 삼아야 합니다. 그리고 제도란 사민四民을 그 직책에 따라 나눈 것으로 다스림의 구분으로 하여야 합니다.

　귀한 작위에는 부와 봉록이 그에 걸맞아야 하는 것이니 이는 존비尊卑의 체제입니다. 선을 좋아하고, 악을 벌하며, 비법比法을 바르게 함은 백성을 위해 통계를 내는 구체적인 방법입니다.

　농토를 아홉 등분 하여 균등하게 하고 부역과 세금을 줄여 주는 것은 취할 것과 주어야 할 것에 대한 제도입니다. 공인工人에게 일을 맡겨 기용을 비축하도록 함은 장인匠人과 공인의 일거리이며, 구역을 나누어 요새를 만드는 것은 기이한 것을 진멸하고 지나친 것을 금지시키기 위한 일입니다. 그리고 법을 지켜 어려운 일을 잘 고려하여 결단하는 것은 신하로서의 절도이며, 법을 명확히 하고 증험을 헤아리는 것은 임금으로서의 조종의 임무입니다. 그런가 하면 자신이 주관하여 지킬 일을 명확히 하고 경중의 등급을 매기는 것은 신하로서 관장해야 할 권한이며, 상과 예물을 명확히 하고 주벌과 책임을 엄격히 함은 간악한 무리를 저지하는 방법입니다. 개방할 것은 개방하고 막을 것은 막아야 함을 살펴 하나의 도를 지켜내는 것은 정치의 요체입니다.

아랫사람의 의견이 위로 통하도록 함은 지극히 총명한 청취이며, 나라의 유무有無를 잘 계산할 줄 아는 것은 그 나머지를 사용할 줄 아는 것입니다. 상대의 약점을 알아내는 것은 강한 자로서 갖추어야 할 근본이며, 상대의 동태를 알아내어 자신은 고요히 있는 속에서 결단을 내려야 합니다. 관직에는 문文과 무武로 나누어야 하니 이는 왕이 나라를 다스리는 두 가지 통치술입니다.

官者, 事之所主, 爲治之本也; 制者, 職分四民, 治之分也.

貴爵富祿必稱, 尊卑之體也. 好善罰惡, 正比法, 會計民之具也. 均井地, 節賦斂, 取與之度也. 程工人, 備器用, 匠工之功也. 分地塞要, 殄怪禁淫之事也.

守法稽斷, 臣下之節也. 明法稽驗, 主上之操也. 明主守, 等輕重, 臣主之權也. 明賞賚, 嚴誅責, 止姦之術也. 審開塞, 守一道, 爲政之要也.

下達上通, 至聰之聽也. 知國有無之數, 用其仂也. 知彼弱者, 强之體也. 知彼動者, 靜之決也. 官分文武, 惟王之二術也.

【四民】 士農工商의 일반 백성.

【比法】 제후국이 매년마다 자신에게 소속된 백성과 가축·병거·출산 등을 계산하며 천자는 3년마다 이를 모아 통계를 내는 것을 '比法'이라 함.《周禮》地官 小司徒에 "乃頒比法於六卿之大夫, 使各登其鄕之衆寡·六畜·車輛, 辨其物. 以歲時入其數, 以施政敎, 行徵令. 及三年則大比, 大比受邦國之比要"라 함.

【會計】 수입지출을 모아 통계를 매김.

【均井地】 농토를 아홉 등분으로 하여 균배함. 井田法을 말함.

【賦斂】 부역과 세금. 백성으로서 전쟁 등에 대비하여 의무적으로 공출해야 할 품목이나 인건.《周禮》地官 小司徒에 "四井爲邑, 四邑爲丘, 四丘爲甸, 一甸六十四井. 每甸出兵車一乘·馬四匹·甲士十三人·步卒七十二人"이라 함.

【取與】 취하는 것과 주는 것.

【匠人】 국가의 건물·성벽·교량·溝渠 등 여러 가지 토목 공사를 맡은 관리.

【殄怪】 괴이한 것을 殄滅하여 없앰.

【稽斷】 고려하여 판정하고 결단을 내림.

【仂】 '륵'으로 읽으며 10분의 일 또는 3분의 일이라 하며 그 나머지를 뜻함.

【二術】 고대 문무의 관직을 나누어 이를 이어지도록 하는 두 가지 행정, 통치술.

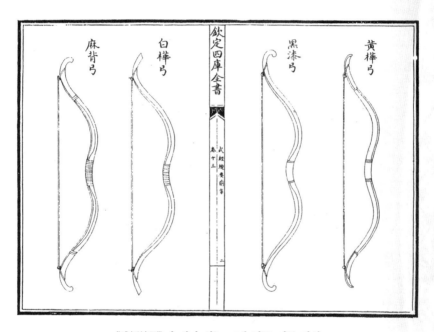

《武經總要》에 실려 있는 고대 각종 전투 장비

제사에 쓰는 여러 가지 기구는 동일하게 만들어야 하니 이로서 천자가
제후를 모을 수 있는 것입니다. 유세하는 자와 간자는 들어오지 못하게
함은 바른 논의를 위한 방법입니다.

제후들은 천자天子가 정한 예법을 삼가 지켜, 제후들 자신의 임금과
신하 자리를 계속도록 이어 왕의 명을 받들어야 합니다.

제멋대로 왕호를 바꾸고 상법常法을 고치며 왕의 밝은 덕을 위반하여,
그 때문에 예법에 따라 이를 토벌하는 것입니다.

관청에서는 다스릴 일이 없고, 임금으로서는 축하의 상을 내릴 일도
없으며, 백성으로서는 소송을 제기할 일도 없고, 나라에 장사꾼도
없으면, 이 어찌 왕도정치의 지극함이 아니겠습니까? 저는 명백하게
이를 거론해 상달하오니, 이상의 모든 것은 임금께서 들어 주느냐
그렇지 않은가에 달려 있습니다.

俎豆同制, 天子之會也. 遊說間諜無自入, 正議之術也.

諸侯有謹天子之禮, 君臣繼世, 承王之命也. 更號易常, 違王明德,
故禮得以伐也.

官無事治, 上無慶賞, 民無訟獄, 國無商賈, 何王之至! 明擧上達,
在王垂聽也.

【俎豆】저는 방형의 그릇. 두는 원형의 그릇이라 하며, 제사에 쓰이는 여러 가지 기구를 뜻함. 원래 儒家를 빗대어 하는 말.《論語》衛靈公篇에 "衛靈公問陳於 孔子. 孔子對曰:「俎豆之事, 則嘗聞之矣; 軍旅之事, 未之學也.」明日遂行. 在陳 絶糧, 從者病, 莫能興. 子路慍見曰:「君子亦有窮乎?」子曰:「君子固窮, 小人窮斯 濫矣.」라 함.

【天子】봉건제도에 종주국 주나라의 임금. 제후국은 모두 公侯伯子男의 칭호를 씀. 그러나 춘추시대 楚나라가 처음 王號를 참칭한 뒤에 전국시대에는 모든 제후국들이 왕을 지칭하였음.

【君民繼世】임금과 백성이 각기 그 계통을 이어감.

【更號易常】춘추시대 이후로 제후들이 천자국 周나라 종실을 따르지 아니 하고 스스로 公·王을 일컬은 것을 두고 하는 말임.

【商賈】상은 위치를 옮겨 다니며 하는 장사, 고(賈)는 앉아서 하는 장사라 함. 상업을 일컫는 말이며 본문에서는 이 상업행위를 부정적으로 보고 있음.

【垂聽】의견을 듣고 허락함을 내려줌.

울로자

11. 치본治本

본편은 군사 문제를 다룬 것이라기보다는 오히려 통치의 근본을 주제로 한 것으로, 생산의 독려와 절약의 생활화, 그리고 관료체제의 확립 등이 주된 내용이다. 치국의 근본은 농업과 잠상蠶桑이며 사치의 폐해를 제거하고, 사악한 탐욕을 갖지 않도록 이상 세계를 실현할 것을 주장하고 있다. 아울러 군왕의 언행은 일치해야 하며 모든 것을 자신에게 요구하는 유가적 검박儉朴을 치도의 기강으로 보고 있다.

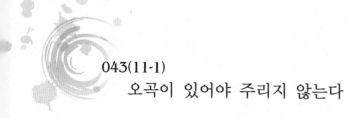

043(11-1)
오곡이 있어야 주리지 않는다

　무릇 사람을 다스린다는 것은 무엇이겠습니까? 이렇게 말할 수 있지요.
"오곡이 아니면 배를 채울 수 없고, 실과 삼이 없으면 몸을 덮을 수
없다."
　그러므로 배를 채움에는 낟알이 있어야 하고, 몸을 가림에는 옷감이
있어야 합니다. 장부는 밭에 나가 김매고 아내는 베틀에 앉아 베를
짜야 하나니, 백성들에게 이 두 가지 일 이외는 시키지 않으면 저장과
비축함이 있게 될 것입니다.

　凡治人者何? 曰:「非五穀, 無以充腹; 非絲麻, 無以蓋形.」故充腹
有粒, 蓋形有縷, 夫在芸耨, 妻在機杼, 民無二事, 則有儲蓄.

【五穀】흔히 黍・稷・豆・麥・稻를 가리킴. 사람이 먹고사는 곡류 일체.
【縷】누에치고 옷감 짜는 일 등을 총체적으로 말한 것.
【芸耨】'芸'은 '耘'과 같음. 농사짓는 일을 말함.
【機杼】베틀과 북. 옷감 짜는 일을 말함.

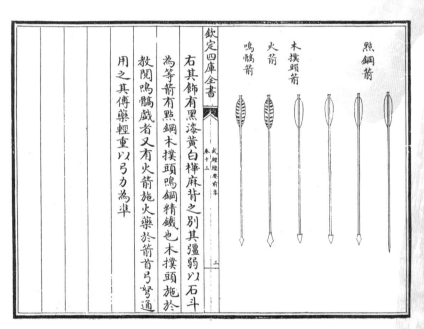

右
其
飾
有
黑
漆
黃
白
樺
麻
背
之
別
其
彊
弱
以
石
斗

為
等
箭
有
點
鋼
木
撲
頭
鳴
鋼
精
鐵
也
木
撲
頭
施
於

教
閱
鳴
髇
戲
者
又
有
火
箭
施
火
藥
於
箭
首
弓
弩
通

用
之
其
傳
藥
輕
重
以
弓
力
為
準

點鋼箭　鳴髇箭　火箭　木撲頭箭

《武經總要》에 실려 있는 고대 각종 전투 장비

044(11-2)
본성을 잃지 않도록

장부는 무늬를 꾸미거나 모양을 새겨 넣는 일을 하지 않고, 여자는 옷감을 짜면서 수를 놓아 꾸미거나 멋을 부려 특이하게 옷감을 짜느라 시간 허비하는 일이 없도록 해야 합니다.

나무로 만든 그릇은 새기 쉽고 쇠붙이로 만든 그릇은 냄새가 나기에, 옛 성인들은 흙으로 빚어 이를 그릇으로 하여 음식을 먹고 마셨습니다. 그 때문에 그러한 그릇을 만드는 틀을 만들어, 그릇을 일정하게 많은 양을 만들어 내어 천하에 일과 시간을 허비함이 없었습니다.

지금은 쇠붙이나 나무로 만든 그릇은 본래 그 성질이 추위에 잘 견디건만 거기에 수놓은 헝겊으로 장식하고 있으며, 소와 말이란 본래 그 성질이 풀을 먹고 맹물을 마시건만 그에게 콩과 좁쌀을 먹이로 주고 있으니, 이는 그 본성을 잃게 하는 것으로 마땅히 제도를 만들어 통제해야 합니다.

봄·여름이면 장부는 밭으로 나가고, 가을·겨울이면 아내는 베와 비단 짜는데 숙련되도록 한다면 백성의 궁핍함이란 있을 수 없습니다. 그런데 지금은 짧은 베옷조차 제대로 입을 수 없으며, 조강糟糠으로도 배를 채울 수 없으니 이는 다스림의 실책입니다.

옛날에는 토지의 비옥함과 척박함이 지금과 다름이 없고, 사람은 부지런함과 게으름이 지금과 다름이 없습니다. 하지만 옛사람은 의식이 풍족하였는데, 지금 사람은 어찌 그렇게 하지 못하고 있습니까?

농사일에는 다 마치지 못하고 버려 둔 농토가 있으며, 베 짜는 일에는 날로 가끔 작업을 하지 못하고 중단하는 경우가 있으니 어찌 추위와 배고픔이 없겠습니까?

대체로 옛날에는 실행하던 일을 지금은 이를 중지하고 있기 때문일 것입니다.

夫無雕文刻鏤之事, 女無繡飾纂組之事. 木器液, 金器腥, 聖人飲
於土, 食於土, 故埏埴以爲器, 天下無費. 今也, 金木之性不寒, 而衣繡飾;
馬牛之性食草飲水, 而給菽粟. 是治失其本也, 而宜設之制也.

春夏夫出於南畝, 秋冬女練於布帛, 則民不困. 今褐褐不蔽形, 糟糠
不充腹, 失其治也.

古者土無肥墝, 人無勤惰, 古人何得, 今人何失邪? 耕者不終畝, 織者
日斷機, 而奈何寒飢? 蓋古治之行, 今治之止也.

【雕文刻鏤】그릇을 만들면서 무늬를 새겨 넣고 모양을 새겨 넣는 일을 말함. 비생산적이며 비실용적인 것으로 보았음.

【繡飾纂組】수놓아 꾸미고 옷감에 멋을 부려 직조하는 것을 말하며, 역시 비실용적인 것으로 보아 이러한 공정은 불필요한 것으로 여겼음.

【飮於土】토기를 사용함.

【埏埴】그릇을 만들 때의 틀. 모형.

【南畝】농토. 좋은 농토는 남향으로 볕이 들어야 곡식이 잘 여물기 때문에 이른 말.

【練於布帛】옷감 짜는데 온갖 정성을 다 들임.

【短褐】'수갈'로 읽음. 거친 베로 만든 짧은 옷. 가난한 자의 의복을 대신하여 쓰는 말로 흔히 '短褐'로도 표기함.

【肥墝】肥瘠과 같음. 墝는 메마르고 경사진 농토를 말함.

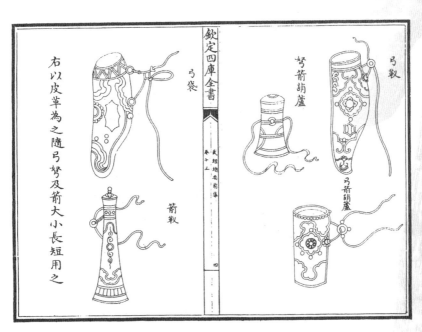

《武經總要》에 실려 있는 고대 각종 전투 장비

045(11-3)
다스림의 지극함

무릇 다스림이라 일컫는 것은 백성들로 하여금 사사롭게 굴지 않도록 하는 것입니다. 백성이 사사롭게 굴지 않는다면 천하는 한 집안이 될 것이며, 자신만을 위하여 농사짓는 일이라든지 자신만을 위하여 베 짜는 일이란 없을 것입니다. 추우면 그 추위를 함께 하고, 주리면 그 주림을 함께 할 것입니다. 그러므로 아들이 열이라 해서 그에게 밥 한 그릇 몫을 더 주는 일이 없을 것이며, 아들이 하나라 해서 그에게 밥 한 그릇 몫을 덜어 버리는 일도 없을 것이니, 어찌 술에 절어 시끄럽게 떠들면서 착한 무리를 퇴폐시키는 일이 있을 수 있겠습니까?

사람이 서로 모여 경박하게 굴면 욕심이 일어나며, 쟁탈의 환난이 흥기하고 말 것입니다. 포악한 군주가 다스리는 시대에 잘못 태어나면 백성은 사사로이 자신만이 배불리 먹겠다고 곡식을 몰래 저장할 것이며, 사사로이 자신만이 쓰겠다고 재물을 몰래 저장할 것입니다. 백성이 금지하는 법 하나를 어기게 되면 이들을 형벌로 구속하여 다스리고 있으니, 어찌 사람의 윗자리를 차지하고 있는 사람이 할 일이겠습니까?

선정을 베풀어 그 제도를 집행함에는 백성을 사사롭게 굴지 않도록 하고, 아랫사람이 되어 사사롭게 굴지 않으면 비리를 저지르는 일이 없게 될 것입니다.

근본으로 돌아와 그 이치를 근거로 하여 모든 것이 하나의 도에서 나오도록 한다면, 욕심은 사라지고 쟁탈이 그쳐지며 감옥은 비고 들에는 곡식이 쌓일 것이며, 백성을 편안히 하여 먼 곳 사람까지 품어 줄 수 있는 것이니, 밖으로 천하의 어려움이 없고, 안으로 포악한 혼란이 없는 것, 이것이 다스림의 지극함입니다.

夫謂治者, 使民無私也. 民無私, 則天下爲一家, 而無私耕私織, 共寒其寒, 共飢其飢. 故如有子十人, 不加一飯; 有子一人, 不損一飯. 焉有喧呼酗酒以敗善類乎?

民相輕佻, 則欲心興‧爭奪之患起矣. 橫生於一夫, 則民私飯有儲食, 私用有儲財. 民一犯禁, 而拘以刑治, 烏在其爲人上也? 善政執其制, 使民無私, 爲下不敢私, 則無爲非者矣.

反本緣理, 出乎一道, 則欲心去‧爭奪止‧囹圄空; 野充粟多‧安民懷遠‧外無天下之難‧內無暴亂之事, 治之至也.

【喧呼】 시끄럽게 떠듦.
【酖酒】 술에 탐닉함. 술에 절어 있음.
【輕佻】 경박하게 행동함.
【人上】 군주를 가리킴.

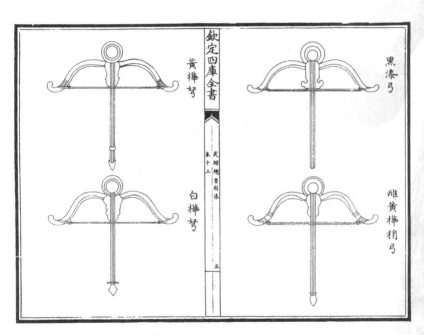

《武經總要》에 실려 있는 고대 각종 전투 장비

046(11-4)
삼군의 갈증을 풀어 줄 샘물

푸르고 푸른 하늘은 그 끝을 알 수 없으며, 제왕帝王 같은 군주의 덕은 누가 이를 법으로 삼아야 하겠습니까?

지나간 세상은 따라갈 수 없고, 다가올 세상은 기다릴 수 없으니, 오로지 자신에게 이를 요구하여야 합니다.

소위 천자라 하는 것은 네 가지 덕이 있으니 첫째는 신명神明함이요, 둘째는 빛을 내려 줌垂光이요, 셋째는 널리 폄洪敍이요, 넷째는 적이 없음無敵입니다. 이것이 바로 천자天子의 일입니다.

들에 떠도는 짐승이라 해서 희생犧牲으로 삼지 아니하며, 잡된 학술을 박통한 유술儒術로 여기지 아니하여야 합니다.

지금 유세하는 자들은 '백 리나 되는 많은 물일지라도 바닷물은 단 한 사람 목마름을 해결할 수 없으나, 세 자 깊이의 샘물만 되어도 삼군의 목마름을 해결할 수 있다'고 합니다. 저는 '욕심은 한도를 모르는 데서 생겨나며, 사악함은 금할 것을 금하지 않는데서 생겨난다'고 말할 수 있습니다.

가장 높은 경지의 다스림이란 우선 신의 감화이며, 그 다음은 만물을 근거로 하는 것이요, 그 다음은 백성의 농사지을 때를 빼앗지 않으며, 백성의 재물에 손상을 끼치지 않는 것입니다.

무릇 금지시켜야 할 일은 반드시 무武를 사용해야 성공할 수 있으며, 상을 주어 권장하는 방법은 반드시 문文으로 해야 성공할 수 있습니다.

蒼蒼者天, 莫知其極, 帝王之君, 誰爲法則? 往世不可及, 來世不可待, 求己者也.

所謂天子者四焉: 一曰神明, 二曰垂光, 三曰洪叙, 四曰無敵. 此天子之事也.

野物不爲犧牲, 雜學不爲通儒. 今說者曰:「百里之海, 不能飮一夫; 三尺之泉, 足止三軍渴.」臣謂:「欲生於無度, 邪生於無禁.」

太上神化, 其次因物, 其下在於無奪民時·無損民財. 夫禁必以武而成, 賞必以文而成.

【往世不可及, 來世不可待化】 지나간 세상의 일은 지금 재현할 수 없고, 미래에 올 일은 앞당겨 실행할 수 없음. 《論語》 微子篇에 "楚狂接輿歌而過孔子曰: 「鳳兮鳳兮! 何德之衰? 往者不可諫, 來者猶可追. 已而, 已而! 今之從政者殆而!」 孔子下, 欲與之言. 趨而辟之, 不得與之言"이라 함.

【帝王】 五帝나 三王과 같은 임금. 훌륭한 군주를 대신하여 쓰는 말.

【誰爲法則】 임금이 하늘과 같은 덕을 법으로 여겨야 함을 말함.

【洪叙】 만물에 고루 그 덕을 베풀어 줌. 하늘의 덕을 입지 않는 것이 없음.

【犧牲】 제사에 쓰이는 소나 양, 돼지 등 제물.

【太上】 가장 높은 경지의 다스림을 말함.

【神化】 신의 감화.

【因物】 물건에 의해 변화를 일으키고 이익의 길로 가게 됨.

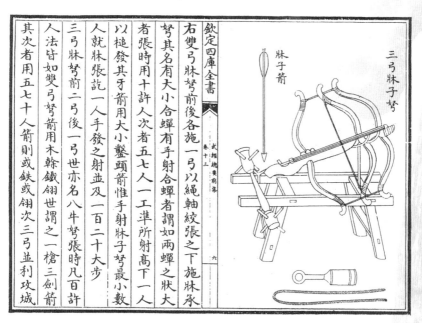

《武經總要》에 실려 있는 고대 각종 전투 장비

欽定四庫全書

武經總要前集　卷十三

六

三弓牀弩

牀子箭

右雙弓牀弩前後各施一弓以繩軸絞張之下施牀承
弩其名有大小合蟬有手射合蟬者謂如兩蟬之狀大
者張時用十許人次者五七人一工準所射高下一人
以槌發其牙前用大小鑿頭箭惟手射牀子弩最小數
人就牀張訖一人手發之射並及一百二十大步
三弓牀弩前二弓後一弓世亦名八牛弩張時凡百許
人法皆如雙弓弩箭用木榦鐵翎世謂之一槍三劍箭
其次者用五七十人箭則或鈇或翎次三弓並利攻城

울료자

12. 전권戰權

　본편은 실제 전투에서의 권모를 확립하는 문제에 대한 토론이다. 따라서 상대보다 먼저 기선을 제압할 것, 허실虛實의 책략을 활용할 것, 적정을 탐지하여 상대를 명확히 파악할 것, 자신의 휘하 부대를 장악하여 군사력을 극대화할 것 등을 주요 내용으로 하고 있다.

047(12-1)
전쟁은 분명히 승패가 있다

　병법에 '천 사람이 모이면 권모를 이룰 수 있고, 만 사람이 모이면 무력이 형성된다'라 하였습니다. 권모를 먼저 남에게 가하면 적도 힘으로 덤비지 못하고, 무력을 먼저 남에게 가하면 적은 위세로 대들지 못합니다. 그러므로 병법에서는 먼저 나서는 것을 귀하게 여깁니다. 이것부터 승리하면 저들로부터 승리를 얻게 되는 것이요, 이러한 것에서 승리하지 못하면 저들로부터 승리를 거둘 수 없습니다.

　무릇 내가 나서면 저들이 오는 것이요, 저들이 오면 우리는 나가야 하는 것이니 서로의 승패는 있게 마련입니다. 이것이 전쟁의 자연스런 이치입니다.

　兵法曰:「千人而成權, 萬人而成武.」權先加人者, 敵不力交; 武先加人者, 敵無威接.

　故兵貴先勝於此, 則勝於彼矣; 弗勝於此, 則弗勝於彼矣. 凡我往, 則彼來; 彼來, 則我往, 相爲勝敗, 此戰之理然也.

【千人而成權】천 사람이 모이면 그 속에 그들을 통제하고 다스리기 위한 권모가 있어야 함.
【勝於此】미리 서둘러 모책을 짜는 것에서 이미 앞서 승리의 조건을 갖춤.

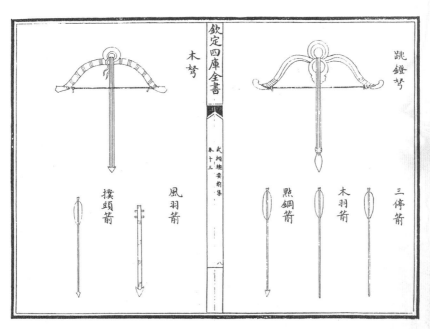

《武經總要》에 실려 있는 고대 각종 전투 장비

048(12-2)
사악함을 제거하기 위하여

무릇 정성精誠은 신명神明에서 비롯되며, 전쟁의 권모는 도道의 지극함에서 비롯되는 것입니다. 가진 것은 없는 듯이 하고, 없으면 있는 듯이 해야 하는 것이니, 이렇게 하면 적들이 어찌 자신감을 갖겠습니까?

선왕들이 후세에 길이 칭송되는 이유는, 정직한 자를 임용하고 사악한 자를 제거하였으며, 그 자애로움과 유순함은 존속시켜 주고 형벌의 결정은 보류하는 일이 없도록 하였기 때문입니다. 그 때문에 도를 아는 자는 반드시 먼저 칠 것을 치지 않고, 중지했다가 당할 실패에 대하여 자세히 살펴봅니다.

그러니 어찌 꼭 앞으로 나서야만 공을 이룰 수 있다는 것이겠습니까? 경솔하게 앞으로 나서서 싸우기를 청하는 것은 적이 다시 중지하도록 기회를 주는 것으로 그런데도 아군이 계속 전진을 계속한다면 적이 승세를 잡게 되는 것입니다.

그러므로 병법에 '적이 싸움을 청한다고 해서 이에 응전하거나, 혹 적의 모습이 보이면 이에 공격하거나, 아군의 힘이 적의 공격을 저지할 수도 없는데도 경솔하게 교전한다면, 틀림없이 전쟁의 주도권을 상실하게 될 것이다'라 한 것입니다.

무릇 좌절을 당한 쪽은 사기를 잃게 되고, 두려움을 느끼는 쪽은 지켜낼 수 없으며, 패배한 쪽은 인재가 없어서이며, 군대의 작전 원칙이 옳지 못했기 때문입니다. 나설 뜻이 있고 의심하지도 않는다면 그 계획을 따라야 하고, 적이 흔들리고 감히 나서지 못한다면 공격을 가해야 하며, 명확하게 보이고 자신의 위치가 높은 곳이라면 위협을 가해야 합니다. 이것이 병법의 지극한 도리입니다.

夫精誠在乎神明, 戰權在乎道之所極. 有者無之, 無者有之, 安所信之?
先王之所傳聞者, 任正去詐, 存其慈順, 決無留刑. 故知道者, 必先圖不知止之敗, 惡在乎必往有功? 輕進而求戰者, 敵復圖止, 我往而敵制勝也.
故兵法曰:「求而從之, 見而加之, 主人不敢當以陵之, 必喪其權.」
凡奪者無氣, 恐者不可守; 敗者無人, 兵無道也. 意往而不疑, 則從之; 奪敵而無前, 則加之; 明視而高居, 則威之, 兵道極矣.

【任正去詐】정의로운 자를 부려 임명하고 거짓을 부리는 자를 제거함.

【決無留刑】징벌을 함에 기다릴 것이 없음. 즉시 무력으로 이를 쳐 없앰.

【必先圖不知止之敗】칠 것을 치지 않고 중지했다가 당할 실패에 대하여, 자신이 미처 모르고 있을 수도 있음을 먼저 살피고 따져 봄. 도는 자세히 살펴 헤아려 봄을 뜻함.

【奪者無氣】좌절당한 군대는 더 이상 사기를 진작시킬 수 없음.

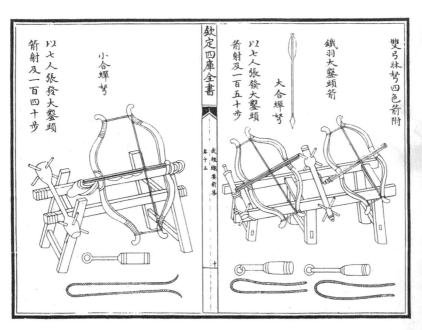

《武經總要》에 실려 있는 고대 각종 전투 장비

조정에서의 결정에 따라

그 말이 조심함이 없으면 경박하게 되며, 그 속이고 저지르는 일에
절도가 없으며 모든 것이 파망하고 맙니다. 마치 둑이 터져 물이 쏟아
지듯, 우레가 치듯 질서가 없으면 삼군은 혼란에 빠지고 맙니다. 그러한
경우에는 반드시 위험을 다스려 안전하게 하고, 환난을 제거하여 지혜
롭게 일을 결정하여야 합니다.

조정에서 결정된 논리라는 것으로써 자신의 군대를 높여 주며, 임금
으로부터 받은 명령이라는 논리로써 자신의 군대를 중히 여기며, 국경
을 넘어섰을 때의 논리로써 자신의 군대를 정예부대로 만들면 적국을
싸우지 아니하고도 굴복시킬 수 있는 것입니다.

其言無謹, 偸矣; 其陵犯無節, 破矣; 水潰雷擊, 三軍亂矣. 必安其危,
去其患, 以智決之. 高之以廊廟之論, 重之以受命之論, 銳之以踰垠
之論, 則敵國可不戰而服.

【偸】 경박함. 輕佻와 같음.
【廊廟】 廊은 궁중을 뜻하며, 廟는 종묘를 뜻함. 따라서 궁중에서 군신 사이에
  결정되는 국사를 대신하는 말로 쓰임.
【踰垠】 국경을 넘어섬.

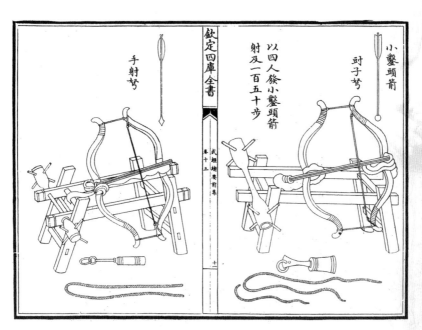

《武經總要》에 실려 있는 고대 각종 전투 장비

울료자

13. 중형重刑

 본편은 전국시대 대표적인 중형주의重刑主義의 내용이다. 즉 군대는
우선 제도와 법령을 완비하여야 하며, 이를 엄격히 실행함으로써
군의 질서와 전투력을 향상시킬 수 있다고 본 것이다. 기율이 제대로
서지 않으면 전투에 임할 수 없다는 대원칙을 강조하고 있다.

050(13-1)
도망한 자에게 내리는 군법

무릇 장수로서 천 명 이상을 거느린 자가, 전투에서 패배하거나 지키다가, 항복하여 그 지킬 땅을 떠나 무리에서 도망하였다면 이를 명하여 '국적國賊'이라는 죄명으로 다스립니다. 이런 자는 그 당사자는 죽이고, 집안도 잔폐시키며, 호적을 없애 버리고, 조상의 무덤을 파서 해골을 저자에 드러내어 보이고, 가족의 남녀는 공가의 노비로 삼습니다.

다음으로 백 명 이상을 거느린 자로서, 전투에서 패하거나 지키다가 항복하여 지키던 땅을 버리고 무리를 도망쳐 나온 자가 있다면, 이는 '군적'이라는 죄명으로 다스립니다. 그러한 자는 그 당사자는 죽이고, 집안을 잔폐시키며, 그 가족 남녀는 공가의 노비로 삼습니다.

이처럼 백성들로 하여금 안으로는 무거운 형벌을 두려운 것으로 알도록 하고, 밖으로는 적을 가볍게 여겨 싸우도록 하여야 합니다.

그러므로 선왕이 그 앞에는 제도를 명확하게 하고, 뒤로는 형벌의 위세를 무겁게 한 것이니, 형벌을 무겁게 하면 안으로 두려움을 느끼게 되고, 안으로 두려움을 느끼면 밖으로 굳세게 되는 것입니다.

夫將自千人以上, 有戰而北, 守而降, 離地逃衆, 命曰'國賊'. 身戮家殘,
去其籍, 發其墳墓, 暴其骨於市, 男女公於官.

自百人已上, 有戰而北, 守而降, 離地逃衆, 命曰'軍賊'. 身死家殘,
男女公於官.

使民內畏重刑, 則外輕敵.

故先王明制度於前, 重威刑於後. 刑重則內畏, 內畏則外堅矣.

【身戮家殘】 자신은 죽고 집안도 파괴됨. 전쟁으로 인하여 모든 것이 잔폐해짐을
말함.

【去其籍】 그를 호적에서 지워 버림.

【公於官】 公家의 노비로 삼음.

울
료
자

14. 오제령(伍制令)

　본편은 군대의 편제에 대한 것으로, 가장 기초 단위인 오제(伍制)의 편성과 책임, 그리고 이를 발전시킨 십什·속屬·여閭의 전투 임무 수행을 위한 지휘와 보증, 연좌 등에 대하여 기술하고 있다. 군의 조직과 편제는 전투력 향상은 물론, 병사를 구속하여 목숨을 바칠 수밖에 없도록 하는 것임을 강조하고 있다.

051(14-1)
엄격한 군법

　군대의 편제는 다섯 사람을 오伍로 하여 이 오는 서로 보증하며, 열 사람을 십什으로 하여 이 십은 서로 보증하며, 50명을 속屬으로 하여 이 속은 서로 보증하며, 백 명을 여閭로 하여 이 여는 서로를 보증하도록 합니다.

　오伍의 성원 중에 법령과 금지령을 범하거나 위반한 자가 있을 때, 이를 스스로 드러내어 밝히면 죄를 면해 주지만, 알고 있으면서도 이를 밝히지 않을 경우 오의 다섯 전체가 주벌을 받습니다.

　십什의 성원 중에 법령과 금지령을 범하거나 위반한 자가 있을 때, 이를 스스로 밝히면 죄를 면할 수 있지만, 이를 알고 있으면서도 밝히지 않을 경우 10명 전체가 주벌을 받습니다.

　속屬의 성원 중에 법령과 금지령을 범하거나 위반한 자가 있을 때, 이를 스스로 밝히면 죄를 면할 수 있지만, 이를 알고 있으면서도 밝히지 않을 경우 50명 전체가 주벌을 받습니다.

　여閭의 성원 중에 법령과 금지령을 범하거나 위반한 자가 있을 때, 이를 스스로 밝히면 죄를 면할 수 있지만, 이를 알고 있으면서도 밝히지 않을 경우 100명 전체가 주벌을 받습니다.

軍中之制: 五人爲伍, 伍相保也; 十人爲什, 什相保也; 五十爲屬, 屬相保也; 百人爲閭, 閭相保也.

伍有干令犯禁者, 揭之, 免於罪; 知而弗揭, 全伍有誅. 什有干令犯禁者, 揭之, 免於罪, 知而弗揭, 全什有誅. 屬有干令犯禁者, 揭之, 免於罪; 知而弗揭, 全屬有誅. 閭有干令犯禁者, 揭之, 免於罪; 知而弗揭, 全閭有誅.

【伍·什】군대의 편제로 다섯 명을 하나로 묶어 伍隊로 하며, 열 명을 하나로 하여 什隊로 하여 각기 伍長과 什長을 둠. 그 이하 屬, 閭도 같음.
【相保】서로 보위하여 줌.
【干令犯禁】법령을 위반하고 금지토록 한 규정을 어김.
【揭之】드러내어 널리 알림.

052(14-2)
연좌법을 적용하라

관리는 십장什長 이상 좌장左將과 우장右將에 이르기까지 상하가 모두 서로 보증하여야 합니다. 이들 성원 중에 법령을 범하고 금지령을 위반한 자가 있을 때, 이를 스스로 밝혀내면 죄에서 면하지만, 알고 있으면서도 이를 드러내지 아니하면 모두가 같은 죄로 처벌받습니다.

무릇 십과 오가 서로 결합되고 상하가 서로 연좌되도록 하면 간사한 짓을 지을 자가 있을 수 없으며, 죄를 드러내어 밝히지 않는 경우가 없을 것입니다.

아버지라도 그 아들의 죄를 사사롭게 숨길 수 없고, 형이라도 그 아우의 잘못을 사사롭게 숨길 수 없게 될 것이니, 하물며 같은 나라 국민으로 함께 살고 함께 밥을 먹는다고 해서, 명령을 범했을 때 어찌 사사롭게 이를 숨겨 주는 경우가 있을 수 있겠습니까?

吏自什長己上, 至左右將, 上下皆相保也. 有干令犯禁者, 揭之, 免於罪, 知而弗揭之, 皆與同罪.

夫什伍相結, 上下相聯, 無有不得之姦, 無有不揭之罪. 父不得以私其子, 兄不得以私其弟, 而况國人聚舍同食, 烏能以干令相私者哉?

【什長】열 명 단위 소부대의 우두머리.
【國人聚舍同食】같은 국민으로서 서로 먹고 마시고 모인다 해도 친척 가족만
못함을 비유하여 말한 것.

울료자

15. 분새령分塞令

　본편은 군대의 주둔지 내에서의 규율과 관할 구역의 구분과 통제를 주로 설명하고 있다. 즉 백伯을 기본 단위로 영지를 설정하여 각급 편제에 따라 그 자신의 영지를 통제하며 교통 관리와 통행 제한 등을 맡아 부절符節을 소지한 자만이 통행을 허가하는 방법, 위반자의 처벌 규정 등에 대한 문제를 다루고 있다.

053(15-1)
관할 구역

중군中軍과 좌우전후의 부대는 모두 그 관할 지역을 나누어 책임지며, 그 둘레에 임시로 울타리를 만들어 서로의 병졸이 마구 드나들 수 없도록 합니다.

장수는 각기 자신에게 분할된 지역을 다스리고, 솔령은 역시 자신의 분할 구역을 책임지며, 백장은 역시 자신의 관할 구역을 책임지되, 모두가 자신의 구혁溝洫을 파서 구분하여 요새의 규정을 명확히 합니다. 그리하여 백 명 단위의 부대끼리가 아니면 서로 통할 수 없게 하며, 서로 정해진 백 인끼리의 부대가 아닌데도 넘어 들어오는 자가 있으면 백장이 이를 처벌하며, 백장이 이를 처벌하지 않을 경우 역시 함께 같은 처벌받습니다.

中軍·左·右·前·後軍, 皆有分地, 方之以行垣, 而無通其交往. 將有分地, 帥有分地, 伯有分地, 皆營其溝洫, 而明其塞令; 使非百人 無得通, 非其百人而入者, 伯誅之; 伯不誅, 與之同罪.

【中軍】 군대가 주둔할 때 東西南北(前後左右) 사방으로 배치하며, 그 가운데 총수가 자리를 잡아 전체 지휘를 책임지며 이를 중군이라 함.

【行垣】 임시로 구축한 담장이나 울타리.

【將·帥·伯】 將은 전후좌우 다섯 부대의 부대장. 솔(帥, 率)은 그 아래 1,500명씩을 통솔하는 率領. 伯은 100명의 사병을 거느리는 伯長.

【溝洫】 진영의 네 주위에 방호를 위해 설치한 도랑. 해자.

【塞令】 계엄령과 같음. 군대의 비상시 발포한 각종 금지 법령.

054(15-2)
병영에서의 통행 제한

군부대 안에는 가로세로로 길을 만들되 120보마다 하나의 부주府柱를 세워, 그 인원과 땅의 거리를 재어 그 기둥이 서로 보일 수 있도록 하며, 통행을 금지하며 길이 막힘이 없도록 합니다. 장수나 관리라 할지라도 부절符節을 소지하지 아니한 자는 통행할 수 없으며, 땔감이나 꼴을 베러 다닐지라도 다섯 명씩 조를 짜서 다녀야 하며, 다섯 명씩 조를 이루지 아니한 자는 통행할 수 없습니다. 관리나 속장屬長으로서 부절이 없거나, 병사로서 다섯씩 조를 이루지 아니하면 횡문橫門이 이를 처벌합니다. 구분된 요새를 넘어오거나 그 구역을 침범하는 자가 있으면 이는 처벌합니다. 그러므로 안으로 법령을 위반하거나 금지령을 위배하는 자가 없게 되며, 밖으로는 간악한 자를 보고 잡아내지 못하는 경우가 없게 되는 것입니다.

軍中縱橫之道, 百有二十步而立一府柱. 量人與地, 柱道相望, 禁行淸道. 非將吏之符節, 不得通行; 采薪蒭牧者皆成行伍, 不成伍者不得通行. 吏屬無節·士無伍者, 橫門誅之·踰分干地者, 誅之. 故內無干令犯禁, 則外無不獲之姦.

【府柱】 나무로 지탱하여 만들어 세운 관찰 누대. 기둥.

【芻牧】 말에게 먹일 꼴을 베어 오는 일이나 방목의 업무.

【橫門】 군영을 지키는 문. 이 업무를 맡은 위병.

【踰分干地】 자신의 영지를 벗어나거나 남의 관할 영지를 침범함.

울료자

16. 속오령束伍令

 본편은 군대에서 오伍를 기본 단위로 하는 편제에 대한 법령과 규율에 대한 문제를 다루고 있다. 이에 따라 오대의 전투력 향상과 상벌 규정을 구체적으로 설정하여 전투에서 상대에게 손실을 입히지 못한 채 아군이 패배하였을 경우 엄정한 연좌법으로 처벌한다는 것이 기본으로 되어 있다.

055(16-1)
오대를 다스리는 규정

오대伍隊를 검속하는 규정은 다음과 같습니다.

다섯 명을 오伍로 하여 그 명부를 작성하여 이를 장리將吏가 있는 곳으로 수합합니다. 전투 중에 오대를 잃고 적의 오대를 베었을 때는 동등하게 여기며, 상대의 오대를 베고 아군의 오대는 손상이 없을 때는 상을 줍니다. 그리고 아군의 오대만 잃고 적의 오대를 취하지 못하였을 때는 당사자는 죽이고 그 집은 잔폐시킵니다. 아군의 군관을 잃고 적의 장수를 잡았을 때는 공로와 죄과를 동등하게 여기며, 상대의 군관을 잡고 아군은 손실이 없을 때는 상을 내립니다. 아군의 군관을 잃고 적의 군관을 잡지 못하였을 때는 그 당사자는 죽이고 그 집은 잔폐시킵니다. 그러나 다시 전투를 하여 그 수장首長을 잡았을 때는 모든 죄를 면제시켜 줍니다. 아군의 장수를 잃고 적의 장수를 잡았을 때는 공로와 죄과를 동등하게 여기며, 상대의 장수를 잡고 아군은 손실이 없을 때는 상을 내리며, 아군의 장수만 잃고 적의 장수는 잡지 못했을 때는, 자신의 임지를 버리고 도망하여 숨은 법과 같은 죄목으로 처벌합니다.

束伍之令曰: 五人爲伍, 共一符, 收於將吏之所. 亡伍而得伍, 當之; 得伍而不亡, 有賞; 亡伍不得伍, 身死家殘. 亡長得長, 當之; 得長不亡, 有賞; 亡長不得長, 身死家殘, 復戰得首長, 除之. 亡將得將, 當之; 得將不亡, 有賞; 亡將不得將, 坐離地遁逃之法.

【符】伍隊의 군인 명부. 나무나 대나무에 이름을 새겨 차고 다녔다고 함.

【亡伍】亡은 '잃다'의 뜻. 하나의 伍隊를 잃음.

【坐】그 법에 규정을 따름.

【離地遁逃】자신의 지역을 버리고 도망하여 숨음. 이 때의 처벌 규정은 〈重刑令〉에 자세히 나와 있음. 050 참조.

전투의 책임과 처벌 조항

　전투 중에 잘못하였을 때의 처벌법은 다음과 같습니다.

　십장什長은 자신이 거느린 10명에 대한 처벌 권한을 가지며, 백장伯長은 자신의 휘하 부대 우두머리인 십장에 대한 처벌 권한을 가지며, 천 명을 거느린 장수는 백 명을 거느린 우두머리 백장에 대한 처벌 권한을 가지며, 만 명을 거느릴 장수는 천 명을 거느린 장수에 대한 처벌 권한을 가지며, 좌우 장군은 만 명을 거느린 장수에 대한 처벌 권한을 가지며, 대장군大將軍은 처벌하지 못할 자가 없습니다.

　戰誅之法曰: 什長得誅十人, 伯長得誅什長, 千人之將得誅百人之長, 萬人之將得誅千人之將, 左右將軍得誅萬人之將, 大將軍無不得誅.

【戰誅之法】 작전상 집행해야 하는 벌칙.
【伯長】 백 명의 대오를 거느린 우두머리.

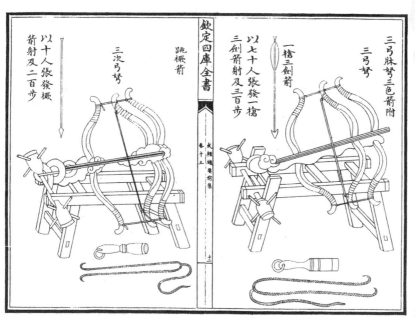

《武經總要》에 실려 있는 고대 각종 전투 장비

울료자

17. 경졸령經卒令

경졸經卒은 전투 대형을 갖추기 위한 사병의 편제를 말하는 것으로 그 조직 방법과 표지의 설치 등에 관한 것이다. 이에 따라 휘장의 색깔과 사병의 대오隊伍, 휘장의 부착 위치, 작전 중의 변형과 상벌 규정 등을 논하고 있다.

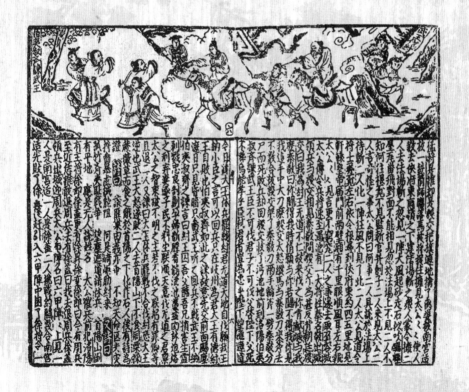

군대 편제의 세 가지 구분

경졸經卒이란 군대 편제를 구분하기 위한 규정에 의해 셋으로 나눕니다.

좌군左軍은 푸른색 깃발에 푸른색 깃을 머리에 꽂도록 하며, 우군右軍은 흰 깃발에 흰 깃을 꽂으며, 중군中軍은 노란 깃발에 노란 깃을 꽂습니다.

사졸들에게는 다섯 가지 휘장이 있습니다. 맨 앞줄은 푸른 휘장을 사용하며, 둘째 줄은 붉은 휘장을, 셋째 줄은 노란 휘장을, 넷째 줄은 흰 휘장을, 다섯째 줄은 검은 휘장으로 합니다. 이러한 차례에 맞추어 군대를 편성하되 그 휘장을 잃어 버린 자는 처벌받습니다.

그리고 맨 앞쪽 다섯 줄은 그 휘장을 머리에 매고, 둘째 번 다섯 줄은 이를 목에 걸며, 셋째 번 다섯 줄은 이를 가슴에 달며, 넷째 번 다섯 줄은 이를 배에 매며, 다섯째 번 다섯 줄은 이를 허리에 맵니다.

經卒者, 以經令分之爲三分焉: 左軍蒼旗, 卒戴蒼羽; 右軍白旗, 卒戴白羽; 中軍黃旗, 卒戴黃羽.

卒有五章: 前一行蒼章, 次二行赤章, 次三行黃章, 次四行白章, 次五行黑章, 次以經卒, 亡章者有誅, 前一五行, 置章於首; 次二五行, 置章於項; 次三五行, 置章於胸; 次四五行, 置章於腹; 次五五行, 置章於腰.

【經卒】 사병의 편대. 작전을 위하여 임시로 편성한 대열.

【經令】 경졸을 위한 규정이나 명령.

【五章】 다섯 종류의 휘장. 청·적·황·백·흑의 다섯 가지 색깔로 구분함.

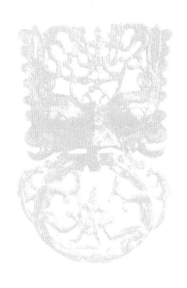

편제의 규정과 지휘 요령

이와 같이 하면 사졸들은 그 관리에 따르지 않을 수 없으며, 관리는 그 사졸을 잘못 알아보는 수가 없습니다. 그런데도 그 자신이 책임진 부하가 아님을 보고 심문하지 않거나, 그들의 혼란을 발견하고도 이를 금지하지 못하면, 그 죄는 그렇게 한 사병과 같이 여겨 처벌합니다.

북소리가 울려 전투에 돌입하면, 맨 앞으로 돌진하여 맞서 싸우는 자를 어려움에 맞서는 자로 높이 여기며, 뒷줄에 서서 따라가는 자는 무리를 욕보이는 비겁한 자로 여깁니다. 따라서 다섯 줄을 뛰어넘어 앞으로 나가는 자에게는 상을 내리며, 다섯 줄을 뛰어넘어 뒤로 물러서는 자는 벌을 내립니다. 이는 진퇴의 선후에 따라 관리와 사졸의 공이 다름을 알도록 하기 위한 것입니다.

그러므로 '북을 울리면 앞으로 나설 때는 마치 우레와 벽력같고, 행동은 비바람과 같아 그 앞을 아무도 막아설 수 없으며, 그 뒤는 누구도 감히 따를 수 없다'라 하는 것이니, 이는 전투에는 편제의 규정이 있어야 함을 말한 것입니다

如此, 卒無非其吏, 吏無非其卒, 見非而不詰, 見亂而不禁, 其罪如之.

鼓行交鬪, 則前行進爲犯難, 後行進爲辱衆. 踰五行而前進者有賞, 踰五行而後者有誅, 所以知進退先後, 吏卒之功也.

故曰:「鼓之, 前如雷霆, 動如風雨, 莫敢當其前, 莫敢躡其後.」言有經也.

【卒無非其吏】 사병으로서 어떠한 경우라도 자신의 직속 상관의 명령을 어기거나 벗어날 수 없음.
【前行】 앞으로 나선 병사.
【犯難】 전투에 직접 맞서는 어려움을 당해 낸다는 칭찬의 표현.
【辱衆】 자신만이 살겠다고 뒤로 물러서 무리에게 욕됨을 보인다는 뜻.
【躡】 긴박하게 발뒤꿈치를 이어 따라감.

울로자

18. 늑졸령勒卒令

늑졸勒卒이란 지휘 방법과 병졸을 통제, 신호에 따른 훈련과
연습에 관한 조령條令이다. 이에 따라 지휘 신호 방법을 구체적
으로 규정하고 교습과 훈련에서의 성과를 위한 절차와 단계 등에
대하여 설명하고 있다.

059(18-1)
군대에서의 신호 방법과 규율

금金·고鼓·영鈴·깃발, 이 네 가지는 각각 그 사용법이 있습니다. 북이 울리면 전진하고, 거듭 울리면 진격합니다. 징이 울리면 그치고, 거듭 울리면 물러섭니다. 쇠방울이 울리면 명령을 전달하라는 것이며, 깃발을 왼쪽으로 흔들면 왼쪽으로 가고, 오른쪽으로 흔들면 오른쪽으로 가라는 것입니다. 그러나 기병奇兵은 이에 거꾸로 합니다.

한 번 북을 울려 한 번 진격하되 하나의 부대는 왼쪽으로 하고, 한 번 북을 울려 진격하되 하나의 부대는 오른쪽으로 하기도 합니다.

한 걸음에 한 번씩의 북을 울리는 것을 보고步鼓로 삼으며, 열 걸음에 한 번씩 북을 울리는 것을 추고趨鼓로 규정하고, 북소리를 끊임없이 울리는 것을 목고鶩鼓로 삼습니다. 그리고 급한 상음商音을 내는 북은 장將이 사용하는 북이고, 각음角音을 내는 북은 수帥가 사용하는 북이며, 소고小鼓는 백伯이 사용하는 북입니다. 이 세 가지 북소리가 동시에 울리면 장수와 수령, 백장의 마음이 같다는 것이 됩니다. 기병은 그에 거꾸로 합니다.

북소리의 차례를 잘못한 자는 처벌받으며, 시끄럽게 혼란을 일으킨 자도 처벌받습니다. 금·고·영·기의 신호를 듣지 않고 제멋대로 행동한 자도 처벌받습니다.

金·鼓·鈴·旗四者各有法. 鼓之則進, 重鼓則擊. 金之則止, 重金則退. 鈴, 傳令也. 旗麾之左則左, 麾之右則右, 奇兵則反是.

一鼓一擊而左, 一鼓一擊而右. 一步一鼓, 步鼓也. 十步一鼓, 趨鼓也, 音不絶, 鶩鼓也. 商, 將鼓也. 角, 帥鼓也, 小鼓, 伯鼓也. 三鼓同, 則將·帥·伯其心一也. 奇兵則反是.

鼓失次者有誅, 諠譁者有誅, 不聽金·鼓·鈴·旗而動者有誅.

【金鼓鈴旗】 전투 중에 신호용으로 쓰는 쇠붙이 음성 기구(징·나팔·꽹과리 등)와 북·방울·깃발 등.

【奇兵】 정병에 상대되는 용어. 기이한 작전이나 뜻밖의 방법으로 적을 치기 위해 설치된 군대.

【步鼓】 도보로 전진을 알리는 북소리 신호.

【趨鼓】 빠른 걸음으로 전진하도록 하는 북소리 신호.

【鶩鼓】 급히 뛰어가도록 하는 북소리 신호. 집오리가 끊임없이 걷는 모습을 연상하여 붙인 용어.

【商】 고대 五音階의 '宮商角徵羽'에서의 급한 느낌을 주는 음계.

060(18-2)
전투 방법의 훈련

　백 명에게 전투 방법을 가르쳐 이것이 이루어지면 천 명을 모아 가르치고, 천 명에게 가르침이 끝나면 이를 만 명으로 합하여 실시하고, 만 명에게 가르침이 끝나면 이를 삼군三軍에게 가르칩니다.

　삼군 무리는 분리하기도 하고 합하기도 하여 전체 전투 방법을 정하고, 이것이 모두 실행되고 나면 시험삼아 열병을 합니다.

　네모지게 대열을 갖추어도 승리하고, 둥그렇게 대열을 갖추어도 승리하며, 사선으로 대열을 갖추어도 승리하며 험한 지형을 만나도 역시 승리하도록 훈련이 되어야 합니다. 적이 산을 점거하고 있으면 그 산의 지형에 따라 대응하고, 적이 못을 차지하고 있으면 물 속으로 침투하여 그에 대응해야 합니다. 적을 찾아내는 것은 마치 집을 나간 아들을 찾듯이 절박해야 하는 것이니, 그 상황에 따라 적응하되 못해 내면 어쩌나 하는 것이 없어야 합니다. 그리하여야 능히 적을 패퇴시킬 수 있으며, 적을 제압하여 사지에 몰아넣을 수 있습니다.

　百人而教戰, 教成, 合之千人. 千人教成, 合之萬人. 萬人教成, 合之三軍. 三軍之衆, 有分有合, 爲大戰之法, 教成, 試之以閱.

　方亦勝, 圓亦勝, 錯邪亦勝, 臨險亦勝. 敵在山, 緣而從之; 敵在淵, 沒而從之, 求敵如求亡子, 從之無疑, 故能敗敵而制其命.

【百人而敎戰】백 명을 교습의 기본 단위로 하여 전투 방법을 가르침.
【錯邪】錯斜의 오기로 봄.
【亡子】집을 나가 돌아오지 않는 아들. 016에도 같은 구절이 실려 있음.

061(18-3)
잘못된 용기가 패배를 부른다

무릇 상대보다 먼저 앞서서 결정하여야 합니다. 만약 계획을 먼저 결정하지 못하거나, 헤아림을 먼저 결단하지 않으면 진퇴를 결정할 수 없게 되며, 해 내지 못하면 어쩌나 의심을 하게 되어 틀림없이 패하고 말 것이기 때문입니다. 그러므로 정병正兵의 전술은 먼저 결단함이 훌륭한 것이며, 기병奇兵의 전략은 뒤에 나서는 것이 중요합니다. 이처럼 혹 먼저 서둘러야 하고, 혹 뒤로 미루어야 할 것을 정하는 것이 적을 제어하는 방법입니다.

그런데 세속의 장수들은 이 방법을 모르는 채, 오로지 자신의 전권을 행사하여 먼저 공격하고는 이를 용감한 것으로 여기고 있으니 패하지 않는 경우가 없습니다.

그 행동은 의심해야 할 것이 있는데도 의심하지 아니하고, 나서면서 자신감을 가져야 할 것인데도 자신감을 갖지 못하고, 어떤 일에 느리고 빠른 정도를 배합해야 함에도 이렇게 하지 못하는 경우가 있으니, 이 세 가지는 작전에 있어서 실패를 가져오는 요인이 되는 것들입니다.

夫蚤決先定, 若計不先定, 慮不蚤決, 則進退無度, 疑生必敗. 故正兵貴先, 奇兵貴後, 或先或後, 制敵者也. 世將不知法者, 專命而行, 先擊而勇, 無不敗者也.

其擧有疑而不疑, 其往有信而不信, 其致有遲疾而不遲疾, 是三者戰之累也.

【蚤】 '무'와 같음.
【世將】 세속의 장수.
【專命】 자기 전권으로 명령을 내릴 수 있는 경우를 말함.

울료자

19. 장령將令

　본편은 군대 지휘 계통의 위관을 임명할 때의 구체적인 조령條令
이며 규정이다. 나라의 군주가 장수를 임명할 때의 절차와 의식,
그리고 장수가 현장에서 전군을 지휘할 때 휘하 장령將令에 대한
기율 등에 대한 내용을 다루고 있다.

062(19-1)
장군의 명령

장군이 명을 받으면 임금은 먼저 종묘에서 모책을 짜고 나서 조정에서 명령을 하달하며, 임금 자신은 몸소 부월斧鉞을 장수에게 주면서 이렇게 말합니다.

"좌군·우군·중군은 모두가 각기 맡은 직책이 있다. 만약 자신의 직분을 뛰어넘어 그 윗 직책에게 요청을 하는 자가 있으면 사형에 처한다. 군대에는 두 가지 명령이 있을 수 없다. 장군 외에 제멋대로 명령을 내리는 자는 주벌에 처하며, 명령을 보류하는 자도 처벌하며, 명령을 그르치는 자도 처벌한다."

그리고 장군은 아랫사람에게 이렇게 명령하지요.

"나라의 국경 문을 나서서 기한 내에 군영을 설치하며 위치를 표시하여 원문轅門을 설치하고 군대가 도착하기를 기다리겠다. 만약 기한을 넘기는 자에게는 법에 따라 조치하겠다."

장군이 군영에 들어서면 문을 닫고, 길을 닦고 통행을 통제하되, 감히 마구 통행하는 자가 있으면 처벌하고, 감히 큰 소리를 내는 자가 있으면 처벌하며, 감히 명령에 따르지 않는 자가 있으면 처벌합니다.

將軍受命, 君必先謀於廟, 行令於廷, 君身以斧鉞授將曰:「左・右・中軍皆有分職, 若踰分而上請者死, 軍無二令, 二令者誅, 留令者誅, 失令者誅.」

將軍告曰:「出國門之外, 期日中設營, 表置轅門, 期之, 如過時則坐法.」

將軍入營, 卽閉門淸道, 有敢行者誅, 有敢高言者誅, 有敢不從令者誅.

【廟廷】 종묘와 조정. 국가에서 결정된 사항을 말함.

【斧鉞】 지휘용 도끼. 임금이 이를 장수에게 내려 모든 生死與奪의 권한을 그에게 맡긴다는 상징적인 의미를 보임.

【留令】 법령을 실행하지 아니하고 보류함.

【失令】 법령을 잘못 정하여 이를 실행하지 못하고 폐기함.

【國門】 나라 수도의 도성 문.

【營表】 군영에서 日影을 관측하기 위해 세워둔 막대.

【轅門】 군영의 정문. 모든 주위를 막고 수레 2대 정도 통과할 수 있도록 차단목을 설치하고 위병을 세움.

【淸道】 길을 청소하고 통행을 구분하여 통제함.

울료자

20. 종군령踵軍令

종군踵軍이란 주력 부대에 앞서 먼저 행진해 나가는 선두부대를 말한다. 본편은 이 선봉대의 임무와 직책 및 주력부대와의 연계 등에 관한 조령條令이다.

063(20-1)
선두 부대의 임무

소위 말하는 종군踵軍이란 대군大軍을 떠나 백 리에 거리를 앞서 집결하기로 한 장소에 이릅니다. 3일분 식량을 소지하고 대군에 앞서 행군합니다. 전투를 시작하기로 한 표지를 해 놓은 다음 그 표지가 서로 합치되면 행동에 나섭니다. 종군은 그 사병들을 잘 먹이고 위로해 주어 그들이 전세를 형성하도록 하는 것이니, 이를 일러 추전趨戰하는 자라 일컫습니다.

그리고 흥군興軍이란 종군踵軍에 앞서 나가는 부대로서 전투를 개시하고 약속한 표시에 의해 행동을 개시합니다. 이들은 대군大軍으로부터 종군보다 한 배 거리를 앞서며 종군과의 간격은 백 리가 됩니다. 그들은 집결하기로 되어 있는 장소에 이르러 6일분 식량을 가지고 다음 전투 준비를 갖추도록 하고 사졸을 나누어 요새를 점거합니다. 이들이 그 전투에서 이기면 계속하여 도망가는 적을 추적하고, 뒤따르는 주력부대는 빨리 쫓아가 협동 작전해야 합니다. 그리고 종군은 흥군 중에 도망하여 돌아오는 자를 만나게 되면 이들을 처벌하여야 합니다. 소위 여러 장수로서 전투에서 사방에 이러한 기병奇兵을 배치하며 앞뒤가 서로 호응한다면 승리할 수 있는 것입니다.

所謂踵軍者, 去大軍百里, 期於會地, 爲三日熟食, 前軍而行. 爲戰合之表, 合表, 乃起, 踵軍饗士, 使爲之戰勢, 是謂趨戰者也.

興軍者, 前踵軍而行, 合表乃起, 去大軍一倍其道, 去踵軍百里, 期於會地, 爲六日熟食, 使爲戰備, 分卒據要塞. 戰勝則追北, 按兵而趨之. 踵軍遇有還者, 誅之. 所謂諸將之兵, 在四奇之內者勝也.

【踵軍】선봉부대를 뜻함.

【大軍】본부대, 주력부대를 뜻함.

【會地】집결하기로 한 장소.

【戰合之表】교전 개시를 알리는 신호.

【饗士】사병들을 먹이고 대접함.

【戰勢】전봉. 선봉부대.

【趨戰】전투에 달려나가는 부대.

【興軍】제일 먼저 파견한 부대.

【一倍其道】종군과의 거리를 한 배로 둠. 주력부대와 2백 리의 거리를 둠.

【還者】흥군 중에 패하여 돌아온 병사.

【四奇】사면이 모두 기병임. 흥군이 요새를 점거하여 장수가 그 안에서 지휘를 함.

변방에서의 규율

군대 편제에는 십대와 오대가 있으니 때로는 이들을 분산하기도 하고 또는 합하여 작전을 펴기도 하는 것이니, 미리 그 직분을 주어 요새와 관문, 교량을 수비하되 이를 나누어 맡도록 해야 합니다.

전투를 시작하기로 한 표지가 합치되면 즉시 모두가 모여야 합니다. 대군大軍은 그들에게 소요되는 식량을 날짜별로 계산하고, 행동이 개시되면 전투에 쓰일 기구가 보급되지 않는 것이 없도록 해야 하며, 명령이 시행되어 전투가 시작되었을 때 명령대로 하지 않는 자는 처벌합니다.

무릇 분새分塞에 맞추어야 한다는 것은, 사방 국경 안에 흥군興軍과 종군踵軍이 이미 출발하였다면 그 사방 국경 안의 백성은 마음대로 통행할 수 없도록 해야 합니다.

왕의 명령을 받들고 부절을 받아 그 직무를 수행하기 위한 관리만이 통행할 수 있으며, 순직 관리가 아닌 자로서 통행하는 자는 처벌합니다. 전투가 개시되면 직무 수행 관리는 그제야 돌아갑니다. 이들을 활용하여 서로 연락할 수 있도록 하여야 합니다. 그러므로 전투를 개시하고자 하면 우선 먼저 그 경내부터 안정시켜야 하는 것입니다.

兵有什伍, 有分有合, 豫爲之職, 守要塞關梁而分居之. 戰合表起, 卽皆會也. 大軍爲計日之食, 起, 戰具無不及也, 令行而起, 不如令者有誅.

凡稱分塞者, 四境之內, 當興軍踵軍旣行, 則四境之民, 無得行者. 奉王之軍命·授持符節, 名爲順職之吏, 非順職之吏而行者誅之. 戰合表起, 順職之吏, 乃行. 用以相參, 故欲戰先安內也.

【爲之職】 그들에게 직무를 명확히 맡김.

【要塞關梁】 요새와 국경의 관문이나 국경의 다리.

【分居】 각기 나누어 주둔함.

【計日之食】 하루 소요량의 식량을 계산함.

【分塞】 경비와 엄호를 맡은 後衛 부대.

【得行者】 자유롭게 통행할 수 있는 사람.

【順職】 述職과 같음. 여기서는 명령을 전달하는 업무를 말함.

【相參】 일반 백성의 통행을 제한하되 직무를 수행하는 자를 활용하여 연락이나 정보 교환이 끊어지지 않도록 함을 말함.

울료자

21. 병교兵敎(上)

본편은 군사 훈련과 교련에 대한 내용이며 상하로 구분하여 두 편으로 나누고 있다. 교련은 기본 단위의 우두머리가 책임을 지며 이들은 서로 연좌하여 책임을 지도록 규정하고 있다. 아울러 단위 부대의 교련 성과를 이룬 다음 차츰 상위 부대와 연합하여 통일된 규정을 습득하도록 연계성을 이루는 방법을 제시하고 있다.

065(21-1)
평소의 훈련

병사들에게 군대 규율을 가르칠 때는 각각 군영이 나누어 평소 진중에 있을 때 실시하며, 명령이 아님에도 마구 나서거나 물러서는 자가 있으면 교령을 위반한 죄로 다스립니다. 앞줄에 서는 자는 앞줄의 임무를 가르치고, 뒷줄에 서는 자는 뒷줄의 임무를 가르치며, 왼쪽을 맡은 자는 왼쪽에서 수행할 임무를, 오른쪽을 맡은 자는 오른쪽의 임무를 가르칩니다. 이 다섯 사람의 임무를 가르치되 그 중 갑수甲首에게 상을 내리며, 가르침대로 하지 않는 자에게는 교령을 범한 죄로 다스립니다. 부상으로 인해 훈련에 참가하지 못하는 자는 우선 오대伍隊 내에 보고하여야 하며, 오대 내의 병사들이 입증하면 그 죄를 면하게 해 주어야 합니다.

兵之教令, 分營居陳, 有非令而進退者, 加犯教之罪. 前行者, 前行教之; 後行者, 後行教之; 左行者, 左行教之; 右行者, 右行教之. 教擧五人, 其甲首有賞; 弗教, 如犯教之罪. 羅地者, 自揭其伍, 伍內互揭之, 免其罪.

【敎令】군사 훈련의 각종 규정이나 명령.

【分營居陳】각기 나누어 진영을 설치하고 그 진지를 수비하고 있는 평소에 이를 실시함.

【甲首】전차부대의 대전에서, 하나의 수레에 세 명의 갑사를 배치하며, 그 중 영도하는 갑사를 甲首라 함.

【羅地】羅는 罹와 같음. 적에게 빼앗겨 걸려든 곳.

【自揭其伍】자신이 소속된 伍隊에서 사실을 밝힘. 연대보증을 서며 연좌법을 말함.

066(21-2)
부대 표시의 휘장

　무릇 이 다섯 사람의 한 조가 전투에 임해서는 만약 한 사람도 적에게 맞서 죽음으로 싸우려 들지 아니하면 가르친 자가 범법의 죄를 받게 되며, 열 사람이 하나의 십대什隊가 되어 한 사람이 죽었는데도 나머지 아홉이 아무도 적에게 나서서 죽음을 다투어 싸우려 하지 않는다면 역시 그들을 가르친 자가 범법의 죄로 처벌을 받으며, 십대 이상 비장神將에 이르기까지 그 법대로 하지 아니하는 자가 있으면 이를 가르친 자가 범법의 죄로 처벌받습니다.

　이처럼 형벌을 명확히 하고 상으로 권함을 정확히 함은 반드시 병사를 가르치는 법에서 비롯되어야 합니다.

　장수는 각각 그 지휘하는 깃발이 다르고, 병졸은 각기 그 자신이 차고 있는 휘장이 다릅니다. 좌군左軍은 왼쪽 어깨에 휘장을 달고, 우군右軍은 오른쪽 어깨에 휘장을 달며, 중군中軍은 가슴 앞에 휘장을 답니다. 그리고 그 휘장에는 '모 부대, 모 병사'라고 표기하며, 전후 병사의 각 다섯 줄은 휘장을 높여 머리에 매며, 그 아래는 차등을 두어 조금씩 낮게 맵니다.

凡伍臨陣, 若一人有不進死於敵, 則教者如犯法之罪. 凡什保什, 若亡一人, 而九人不盡死於敵, 則教者如犯教之罪. 自什已上, 至於裨將, 有不若法者, 則教者如犯法者之罪.

凡明刑罰, 正勸賞, 必在乎兵教之法.

將異其旗, 卒異其章, 左軍章左肩, 右軍章右肩, 中軍章胸前. 書其章曰:「某甲・某士.」前後軍各五行, 尊章置首上, 其次差降之.

【裨將】 각 조직과 편제의 수장 아래의 副將.

【將異其旗】 장수의 급수와 직급에 따라 사용하는 깃발이 각기 다름을 말함.

【卒異其章】 병졸 역시 각기 그 소속과 임무에 따라 徽章이 다름.

【前後章各五行】 각기 자신의 신분과 직급을 표시하는 휘장을 다는 다섯 가지로 달리 그 위치가 있음. 〈經卒令〉에 "卒有五章: 前一行蒼章, 次二行赤章, 次三行黃章, 次四行白章, 次五行黑章, 次以經卒, 亡章者有誅, 前一五行, 置章於首; 次二五行, 置章於項; 次三五行, 置章於胸; 次四五行, 置章於腹; 次五五行, 置章於腰"라 한 것을 말함.

소부대의 훈련 방법

　오장伍長은 자신이 거느린 네 명을 가르치며, 나무 판자로 북을 삼고 기와를 징으로 삼고 장대를 깃발로 대신하여 훈련합니다. 북을 치면 전진하고, 깃발을 낮추면 달려나가고, 징을 치면 물러섭니다. 깃발을 왼쪽으로 흔들기도 하고, 오른쪽으로 흔들기도 하며, 징과 북을 함께 치면 앉아야 합니다.

　오장의 이러한 훈련이 이루어지고 나면 십장什長과 합하여 실시하고, 십장의 훈련이 끝나면 졸장卒長과 합하여 실시하며, 졸장의 교련이 끝나면 백장伯長과 합하여 하고, 백장의 가르침이 끝나면 병위兵尉와 합동으로 하며, 병위의 가르침이 끝나면 비장裨將이 이를 합하여 다시 훈련시키며, 비장의 가르침이 끝나면 대장大將이 이를 합동으로 훈련합니다.

　이러한 훈련의 진지는 들 가운데에 마련하여 크게 세 개로 장대를 세워 표시하되 백 보에 하나씩 세웁니다. 이미 진지가 모두 완성되었으면 그 세워 놓은 장대로부터 백 보씩 거리를 두어 구분짓되 처음 백 보는 전투 연습을 하고, 다음 백 보는 달리는 연습을, 그리고 그 다음 백 보는 날 듯이 뛰는 연습을 합니다.

　이렇게 전투를 연습하여 그 절도를 이루며, 이에 따라 상과 벌을 내립니다.

伍長敎其四人, 以板爲鼓, 以瓦爲金, 以竿爲旗. 擊鼓而進, 低旗則趨,
擊金而退. 麾而左之, 麾而右之, 金鼓俱擊而坐.

伍長敎成, 合之什長; 什長敎成, 合之卒長; 卒長敎成, 合之伯長;
伯長敎成, 合之兵尉; 兵尉敎成, 合之裨將; 裨將敎成, 合之大將. 大將
敎之. 陳於中野, 置大表三, 百步而一. 旣陳, 去表百步而決, 百步而趨,
百步而騖, 習戰以成其節, 乃爲之賞罰.

【敎其四人】 네 명씩 짝지어 교련함.
【合之卒長; 卒長敎成】 아래 문장의 "合之伯長, 伯長敎成"과 위치가 바뀐 것
　으로 봄.
【兵尉】 졸장보다 위이며, 장령보다는 낮은 그 사이의 군관.
【大表】 큰 장대의 表竿.
【百步而一】 백 보마다 大表 한 개씩을 세움.

연습에도 위엄이 있어야 한다

　적군의 위리尉吏 이하 장교는 모두가 깃발을 하나씩 가지고 있습니다. 전투에서 그 깃발을 빼앗으면, 그 빼앗은 깃발이 뜻하는 직위에 알맞은 상으로 권면하는 경쟁심을 명확히 해야 합니다.

　전투에서 승리하려면 위엄을 세워야 합니다. 위엄을 세우는 것은 힘을 다하는 데에서 비롯되어야 하며, 힘을 다하는 것은 벌을 정확히 정하는 데에서 시작되어야 합니다. 벌을 정확히 함은 상을 명확히 하기 위한 것입니다.

　병사들로 하여금 국경의 문을 나서서 싸울 수 있도록 하며, 생사의 구분을 결정짓도록 하며, 죽음을 향해 나아가되 의심을 갖지 않도록 가르치는 것은 모두가 그 나름대로 이유가 있어야 하는 것입니다.

　自尉吏而下, 盡有旗. 戰勝得旗者, 各視所得之爵, 以明賞勸之心. 戰勝在乎立威, 立威在乎戮力, 戮力在乎正罰, 正罰者, 所以明賞也. 令民背國門之限, 決生死之分, 敎之死而不疑者, 有以也.

【尉吏】將卒, 伯長 등을 가리킴.
【敎之死】그들로 하여금 목숨을 바쳐 싸우도록 독려함.
【有以】이유가 있음. '以'는 '까닭, 이유'의 뜻. 여기서는 상과 벌이 엄격하고 공정함을 가리킴.

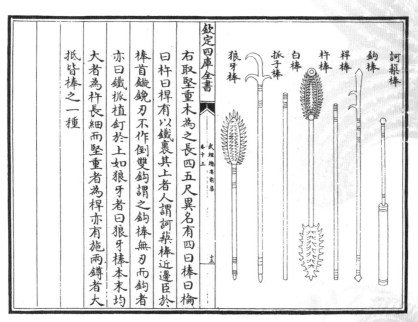

《武經總要》에 실려 있는 고대 각종 전투 장비

右取堅重木為之長四五尺異名有四曰棒曰槍
曰杵曰桿有以鐵裹其上者人謂訶藜棒近邊臣於
棒首鏃銳刃不作倒雙鈎謂之鈎棒無刃而鈎者
亦曰鐵挑植釘於上如狼牙者曰狼牙棒本末均
大者為杵長細而堅重者為桿亦有施兩鐏者大
抵皆棒之一種

欽定四庫全書

武經總要前集　卷十三

狼牙棒　抓子棒　白棒　杵棒　桿棒　鈎棒　訶藜棒

069(21-5)
사지가 마음대로 움직여 주듯이

　수비를 하는 자에게는 견고함을 유지하도록 해야 하며, 전쟁에 나선 자는 필사의 전투를 수행할 수 있도록 해야 하며, 간악한 음모는 생기지 않도록 방비하며, 간악한 자가 요언을 날조하지 못하도록 해야 하며, 명령의 집행이 어긋나지 말아야 하며, 군대의 행진이 의심이 없도록 해야 합니다.

　가볍고 날래기는 마치 벽력과 같도록 가르치고, 분격할 때는 마치 말이 놀란 듯이 하도록 훈련해 두어야 합니다. 공을 내세워 주고 그 덕을 변별시켜 공과와 시비가 마치 흑백과 같아야 하며, 병사들로 하여금 윗사람의 명령을 따를 때는 마치 사지가 마음에 응하여 주듯이 해 두어야 합니다.

　앞서 나간 군대가 적의 행진을 끊어 버리고 적의 진지를 뒤흔들어 놓으며, 견고한 적을 무너뜨리기를 마치 궤멸시키듯 하는 것은, 모두가 그럴만한 훈련이 되어 있기에 그렇게 할 수 있는 것입니다. 이를 일러 병사의 훈련이라 하는 것이니 이들을 통해 영토를 넓히고 사직社稷을 수비하며, 나라의 환난을 제거하고 무덕武德을 성취시킬 수 있는 것입니다.

令守者必固, 戰者必鬪, 姦謀不作, 姦民不語, 令行無變, 兵行無猜,
輕者若霆, 奮敵若驚. 擧功別德, 明如白黑, 令民從上令, 如四肢應心也.
　　前軍絶行亂陣, 破堅如潰者, 有以也. 此謂之兵敎, 所以開封疆ㆍ
守社稷ㆍ除患害ㆍ成武德也.

【猜】 시기하고 질투함. 의심을 가짐.
【驚】 말이 놀람을 뜻함.
【絶行亂陣】 적군의 대열을 끊어 버리고 적의 진영을 혼란스럽게 만듦.
【開封疆】 영토를 확장함.
【社稷】 社는 토지신. 稷은 곡물신. 국가를 상징하는 말로 쓰임.
【武德】 武備로 덕을 세움. 《左傳》宣公 12년에 "夫武: 禁暴ㆍ戢兵ㆍ保大ㆍ定功ㆍ安
　民ㆍ和衆, 豐財者也"라 함.

울료자

22. 병교兵敎(下)

　본편은 병사 훈련과 교련의 일부이며, 천하를 압도할 수 있는
12가지 방법과 군재 편제의 조직과 분담, 표지와 신호 등의 인지
방법, 엄격한 군율의 적용, 작전 중의 적정 탐지 등에 대한 것을
주로 다루고 있다.

070(22-1)
필승의 열두 가지 조건

　제가 듣기로 임금에게 반드시 승리하는 방법이 있다 하였습니다. 그 때문에 넓은 땅을 겸병하고 그 제도를 하나로 통일하면 그 위엄을 천하에 드날릴 수 있는 것입니다. 그 방법에는 열두 가지가 있다 하였습니다.

　첫째, 연형連刑이니, 같은 오대는 그 죄를 함께 책임을 지워 보증해야 하는 것을 말합니다.

　둘째, 지금地禁이니, 길을 마음대로 통행할 수 없도록 하여 밖으로부터 들어오는 간악한 무리를 걸러 내기 위한 것입니다.

　셋째, 전군全軍이니, 전차戰車의 갑수甲首와 보졸이 서로 연결하여 셋씩, 다섯씩 묶어 그 연계를 맺어 두는 것을 말합니다.

　넷째, 개새開塞이니, 관할 구역을 나누어 한계를 정해 주는 것으로 각기 맡은 책임을 다하여 죽으며 견고히 수비해 내는 것입니다.

　다섯째, 분한分限이니, 좌우의 한계를 넘어서지 못하도록 금하며, 앞뒤가 서로 상대하여 수레를 담으로 에워싸서 견고하게 하고 막아 내는 것을 말합니다.

　여섯째, 호별號別이니, 앞줄은 전진하기를 힘쓰되 뒷줄과 구별을 분명히 하여, 서로 앞을 다투거나 차례를 지키지 아니하여 순서가 뒤바뀌지 않도록 함을 말합니다.

　일곱째, 오장五章이니, 휘장으로 줄이나 대열을 명확히 구별하여, 병졸들이 시종일관하게 혼란을 일으키는 일이 없도록 함을 말합니다.

여덟째, 전곡全曲이니, 굽히고 꺾는 행진을 잘 따라 하여 모두가 자신의 분담을 가지고 있도록 함을 말합니다.

아홉째, 금고金鼓이니, 공을 세우도록 유도하고 덕을 이룰 수 있도록 함을 말합니다.

열 번 째, 진거陳車이니, 멈추었을 때는 전차를 앞뒤로 연결하여 진을 이루고, 말에게는 그 눈을 가려 놀라지 않도록 함을 말합니다.

열한 번째, 사사死士이니, 여러 군대 안에서 재능 있고 용기 있는 자가 전차에 올라, 전후 종횡으로 기이한 모책을 내어 적을 제압함을 말합니다.

열두 번째, 역졸力卒이니, 재능이 뛰어나고 힘이 센 자를 골라 군기를 맡겨, 신호를 보내기 전에는 마구 나서지 않도록 함을 말합니다.

이 열두 가지 가르침이 완성되고 나면 규율을 어긴 자는 용서해 주지 않아야 합니다.

이렇게 하면 전투력이 약한 것을 강하게 키울 수 있고, 지도자의 위엄이 낮은 것을 높여 줄 수 있으며, 피폐해진 법령을 바로잡을 수 있으며, 흩어진 백성을 귀순시킬 수 있고, 사람이 많고 복잡해도 다스릴 수 있으며, 넓은 땅을 지켜낼 수 있습니다. 이 때문에 나라의 전차가 공격용 토산에서 나오지 아니하고, 묶어 놓은 갑옷을 자루에서 꺼내지 않고도 그 위세가 천하를 굴복시킬 수 있는 것입니다.

臣聞人君有必勝之道, 故能幷兼廣大, 以一其制度, 則威加天下有十二焉:

一曰連刑, 謂同罪保伍也.

二曰地禁, 謂禁止行道, 以網外姦也.

三曰全車, 謂甲首相附, 三五相同, 以結其聯也.

四曰開塞, 謂分地以限, 各死其職而堅守也.

五曰分限, 謂左右相禁, 前後相待, 垣車爲固, 以逆以止也.

六曰號別, 謂前列務進以別其後者, 不得爭先登不次也.

七曰五章, 謂彰明行列, 始卒不亂也.

八曰全曲, 謂曲折相從, 皆有分部也.

九曰金鼓, 謂興有功, 致有德也.

十曰陳車, 謂接連前矛, 馬冒其目也.

十一曰死士, 謂衆軍之中有材智者, 乘於戰車, 前後縱橫, 出奇制敵也.

十二曰力卒, 謂經其全曲, 不麾不動也.

此十二者教成, 犯令不舍. 兵弱能强之, 主卑能尊之, 令弊能起之, 民流能親之, 人衆能治之, 地大能守之. 國車不出於閫, 組甲不出於橐, 而威服天下矣.

【同罪保伍】 오대에 편성된 사졸은 잘못이 있을 경우 모두 연좌됨. 연좌법을 말함. 商鞅이 처음 만든 제도임. 〈伍制令〉에 "軍中之制: 五人爲伍, 伍相保也"의 뜻을 말함.

【網】 그물로 씌우듯이 이들을 控制함. 범인이나 간자, 도망자 따위를 체포하고 걸러 냄.

【甲首】 전차부대에서 수레마다 가운데 올라 지휘하는 병사.

【三五相同】 三은 수레에서 전투를 하는 3명의 甲士. 五는 伍隊를 이룬 다섯 명의 步兵. 이들을 하나의 조직으로 만들어, 낱개의 8명이 온전한 하나의 부대로 전투를 할 수 있도록 조직함을 '全軍'이라 함.

【開塞】 요새를 세워 서로 그 방위 지역을 구분함.

【垣車】 수레를 이용하여 보위 장벽을 만듦.

【五章】 병졸의 다섯 가지 휘장. 〈兵敎上〉을 볼 것.

【全曲】 전투 대형을 그대로 견지함.

【接連前矛】 수레와 수레 사이를 창 하나의 길이만큼 거리를 두고 연결시켜 작전을 수행하는 전투 방법.

【馬冒其目】 말의 눈을 가려, 말이 놀라거나 날뛰지 않도록 함.

【經其全曲】 전 부대의 전투 대형이 흩어지지 않도록 함을 말함.

【闉】 상대의 성을 공격하기 위하여 흙으로 그 성의 높이만큼 쌓아 올린 토대. 이곳에서 상대를 관측하기도 하며 전투를 지휘하기도 함.

【橐】 군대의 장비를 담은 자루. 갑옷 주머니.

071(22-2)
군이 갖추어야 할 다섯 가지 조건

군대에서는 다섯 가지가 이루어져야 하는 것이니, 장수가 되어서는 그 집을 잊으며, 국경을 넘어서서는 그 가족을 잊어야 하며, 적을 마주 보고는 자신을 잊어야 하며, 필사의 결의가 있어야만 살아나고, 급히 이기려고 하는 것이 가장 낮은 책략임을 아는 것입니다.

백 명이 힘을 합해 칼날에 맞서면 적의 진지를 함락하고 그들을 혼란에 빠뜨릴 수 있으며, 천 명이 칼날에 맞서면 적을 사로잡고 적장을 죽일 수 있으며, 만 명이 한마음으로 칼날에 맞서면 천하를 마음놓고 휘저을 수 있습니다.

兵有五致: 爲將忘家, 踰垠忘親, 指敵忘身, 必死則生, 急勝爲下.
百人被刃, 陷行亂陣, 千人被刃, 擒敵殺將, 萬人被刃, 橫行天下.

【五致】다섯 가지가 성취되어야 함.
【爲將忘家】장수는 명령을 받은 날, 집에 대한 근심이나 그리움을 완전히 잊어야 함. 그 아래 문장도 같은 유형임.
【指敵】적의 정황을 정확히 지적해 냄.
【急勝】급하게 승리를 거둠.

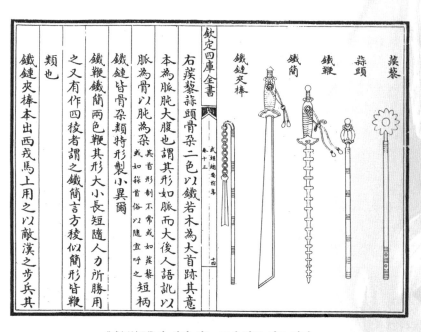

《武經總要》에 실려 있는 고대 각종 전투 장비

072(22-3)
상벌 규정

무왕武王이 강태공姜太公 여상呂尙에게 물었습니다.

'내 짧은 시간에 사람을 지극히 잘 쓰는 요체를 알고자 합니다.'

그러자 강태공은 이렇게 대답하였습니다.

'상을 내리는 규정은 산처럼 변화가 없어야 하며, 벌을 내릴 때는 시냇물처럼 막힘이 없어야 합니다. 가장 뛰어난 처신은 과실이 없도록 하는 것이며, 그 다음은 과실이 있으면 빨리 고치도록 하는 것이니, 사람들로 하여금 사사롭게 이러쿵저러쿵 의논이 없도록 하는 것입니다. 각종 처벌에 대하여 사람들 중에 이를 용서해 주자고 청하는 자가 있으면 사형에 처하며, 각종 상을 내릴 때 상을 주지 않아도 된다고 청하는 자도 역시 사형에 처하여야 합니다. 다른 나라를 칠 때는 반드시 그 나라에 변고가 있을 때를 택해야 하며, 상대 나라 대신들에게 재물을 보여 주어 유인하되 그가 어떻게 궁한가를 살펴보아야 하며, 그 상대에게 잔폐시킬 것임을 내세워 유인하되 그가 어떤 경우를 가장 무서워하는지를 살펴보아야 합니다. 윗사람이 어그러지면 아랫사람은 이반하게 마련이니 이와 같이 하는 것이 바로 그 나라를 칠 수 있는 근거가 되는 것입니다.'

武王問太公望曰:「吾欲少間而極用人之要?」

　望對曰:「賞如山, 罰如谿. 太上無過, 其次補過, 使人無得私語. 諸罰而請不罰者死, 諸賞而請不賞者死. 伐國必因其變, 示之財以觀其窮, 示之弊以觀其病, 上乖下離, 若此之類是伐之因也.」

【武王】周나라 文王의 아들이며, 강태공의 도움을 받아 殷나라 紂를 쳐 멸한 聖君. 姬昌.

【賞如山, 罰如谿】상을 내릴 때는 그 규정이 산처럼 흔들림 없이 확고하며, 벌을 내릴 때는 시냇물처럼 막힘이 없음. 상벌 규정이 정확함을 말함.

【私語】사사로운 의견. 자신만의 판단이나 생각. 지도자의 처신이나 결정에 불만을 품고 사사롭게 서로 비난과 평가를 함.

073(22-4)
적지에서 약탈을 일삼지 말라

무릇 군대를 일으킬 때는 반드시 내외의 권형을 헤아려 그 군대의 거취를 계산하여야 합니다. 군대에게 모자란 것을 비축하며, 양식은 부족함이 없도록 넉넉히 갖추며, 쌍방이 출입하는 길의 원근과 험준함을 비교한 연후에 군대를 일으켜 난을 토벌하면 능히 공격해 들어갈 수 있습니다.

영토는 넓으나 성의 규모가 적은 상대라면 반드시 먼저 그 땅을 거두어야 하며, 성은 크나 영토가 좁은 상대라면 반드시 먼저 그 성을 공략하여야 합니다. 그리고 성은 넓으나 백성의 수가 적은 상대라면 그 요새를 끊어 버려야 하며, 영토는 좁으나 백성의 수가 많은 상대라면 커다란 토산을 쌓아 대응해야 합니다. 점령한 이후에는 그 백성들의 이익을 건드리지 않도록 하며 그 농사지을 때를 빼앗지 않으며, 정치를 관대하게 하고 그들의 생업을 안정되게 하며, 피폐한 자는 구제해 주어야 합니다. 그렇게 하면 족히 천하에 그 뜻을 펴 볼 수 있습니다.

지금 싸움을 일삼는 나라는 자신들끼리 서로 공격하면서 큰 덕으로써 다스리는 나라를 치고 있습니다. 그들 싸움을 좋아하는 나라의 군대는 오대伍隊로부터 양대兩隊로 발전하고, 양대에서 사단師團으로 병력을 키우고 있으나, 법령이 통일되지 못하여 군대의 전투 의지가 안정을 얻지 못하고 있습니다. 자신들은 한갓 사치와 교만에 빠져 모책을 세우면 환난이 되고, 송사가 끊임없어 관리들은 그 일에 매달리느라

피로에 지치고 일을 그르치고 있습니다. 날은 저물고 길은 먼데 도리어
사기를 꺾고 있으며, 군사는 지치고 장수는 탐욕을 부리면서, 다투어
약탈에만 힘을 쏟고 있으니 쉽게 패하고 말 것입니다.

凡興師, 必審內外之權, 以計其去. 兵有備闕, 糧食有餘不足, 校所出
入之路, 然後興師伐亂, 必能入之.

地大而城小者, 必先收其地; 城大而窄者, 必先攻其城; 城廣而人
寡者, 則絶其阨; 地窄而人衆者, 則築大堙以臨之. 無喪其利, 無奮其時,
寬其政, 夷其業, 救其弊, 則足以施天下.

今戰國相攻, 大伐有德. 自伍而兩, 自兩而師, 不一其令. 率俾民心
不定, 徒尙驕侈, 謀患辯訟, 吏究其事, 累且敗也. 日暮路遠, 還有剉氣.
師老將貪, 爭掠易敗.

【權】權衡, 權量.
【夷】안정됨.
【戰國】싸움을 좋아하는 나라. 싸움을 일삼는 나라.
【兩】伍隊가 다섯, 즉 25명을 兩이라 함.《周禮》夏官 司馬에 "凡制軍, 萬二千
五百人爲軍. 王六軍, 大國三軍, 次國二軍, 小國一軍. 軍將皆命卿. 二千有五百人
爲師, 師帥皆中大夫. 五百人爲旅, 旅帥皆下大夫. 百人爲卒, 卒長皆上士. 二十五人
爲兩, 兩司馬皆中士. 五人爲伍, 伍皆有長"이라 함.
【師】2,500명을 하나의 師라 함. 지금의 師團과 같음.
【剉氣】그 사기를 꺾어 버림.
【師老】사단이 피로에 지쳐 곤혹을 당함.

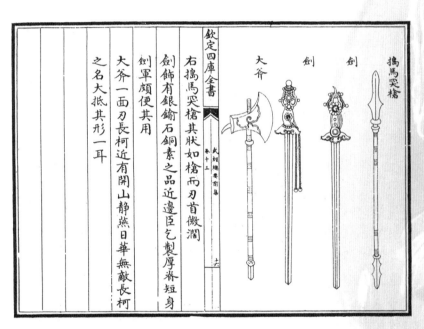

之名大抵其形一耳
大斧一面刃長柯近有開山靜燕日華無敵長柯
劍軍頗便其用
劍飾有銀鍮石銅素之品近邊臣乞製厚脊短身
右搗馬突槍其狀如槍而刃首微闊

欽定四庫全書　　武刻總要前集　卷十二　　十六

大斧　　　劍　　　劍　　　搗馬突槍

《武經總要》에 실려 있는 고대 각종 전투 장비

074(22-5)
잘못된 책략이 나라를 망친다

　무릇 장수가 경솔하고, 보루가 낮으며, 민중이 동요하는 상대라면 공격할 수 있습니다. 그러나 장수가 중엄하고, 보루가 높고, 민중이 두려움을 느끼는 상대라면 포위를 하면 됩니다. 무릇 포위했을 때는 반드시 그들의 작은 이익을 열어 두어 그들로 하여금 점차 약해지도록 해야 합니다. 그렇게 하면 그들은 너무 절약하여 인색한 지경에 이르러, 밥도 얻어먹지 못하는 병사가 있게 마련입니다.

　무리를 동원하여 밤에 습격할 때는 놀라 경황이 없도록 해야 하며, 무리를 모아 그들에게서 피하여 퇴각할 때는 신속히 현장을 벗어나야 합니다.

　다른 부대의 구원을 기다리고 있을 때는 그 전투에서 기한을 정해 놓고 급히 서둘러 재촉했다가는, 모두가 전투심을 잃고 사기가 손상되게 됩니다. 사기를 잃으면 패하게 마련이며, 곡승曲勝을 모책했다가는 나라를 망치게 됩니다.

　凡將輕·壘卑·衆動, 可攻也; 將重·壘高·衆懼, 可圍也. 凡圍, 必開其小利, 使漸夷弱, 則節吝有不食者矣.
　衆夜擊者, 驚也; 衆避事者, 離也. 待人之救, 期戰而蹙, 皆心失而傷氣也. 傷氣敗軍, 曲謀敗國.

【夷弱】 매우 나약하게 됨.
【節嗇】 지나치게 절약하여 인색할 정도임.
【期戰】 전투를 기약한 날짜.
【曲謀】 단지 요행을 바라는 계책. 곡승(曲勝)을 바라는 책략. 020 참조.

울
료
자

23. 병령兵令 (上)

　본편은 군대 전체를 다스리는 조령條令으로, 상하로 나누어 설명하고 있다. 우선 군대의 기본원칙으로 군은 정치의 수단이며, 용병은 문무文武를 함께 장악해야 한다는 것, 그리고 상법常法과 상령常令, 아울러 허虛·실實·비秘의 대응 방법에 대하여 논한 것이다.

어떠한 전쟁도 인의에 근본을 두라

무기란 흉악한 도구이며, 전쟁이란 덕에 어긋나는 행동입니다. 일이란 반드시 그 근본이 있는 것이니, 그 때문에 왕자王者는 포악한 혼란을 정벌할 때는 인의仁義에 근본을 두었던 것입니다. 그러나 싸움을 일삼는 나라는 위엄을 세우는 것을 주된 목적으로 삼으며, 적에 대항하면서도 서로 이것만 도모하면서 무기를 없애지 못하고 있는 것입니다.

병력이란 무武를 농사처럼 심는 것으로 여기며, 문文을 씨앗으로 삼습니다. 무는 겉이 되고 문은 속이 되는 것이지요. 이 두 가지를 능히 잘 살필 줄 아는 것이 승패를 아는 것입니다.

문이란 이해와 안위를 변별하고 볼 수 있도록 해 주는 것이요, 무란 강한 적에 상대하고 공격과 수비에 힘을 쏟도록 해 주는 것입니다.

兵者, 凶器也; 爭者, 逆德也. 事必有本, 故王者伐暴亂, 本仁義焉. 戰國則以立威, 抗敵相圖, 而不能廢兵也.

兵者, 以武爲植, 以文爲種 武爲表, 文爲裏. 能審此二者, 知勝敗矣. 文所以視利害·辨安危; 武所以犯强敵·力攻守也.

【凶器】사람을 죽이게 하는 흉한 무기라는 뜻. 不祥之器와 같음.《老子》31장에
"夫佳兵者不祥之器, 物或惡之, 故有道者不處. 君子居則貴左, 用兵則貴右. 兵者
不祥之器, 非君子之器, 不得已而用之, 恬淡爲上. 勝而不美, 而美之者, 是樂殺人.
夫樂殺人者, 則不可得志於天下矣. 吉事尙左, 凶事尙右. 偏將軍居左, 上將軍居右.
言以喪禮處之. 殺人之衆, 以悲哀泣之, 戰勝以喪禮處之"라 하였음. 한편 이 구절은
035와 중복되어 있다.

【王者】왕도정치를 펴서 천하를 통일한 임금.

【植種】植은 '심다'의 뜻. '種'은 씨앗을 뜻함. 여기서는 각각 수단과 목적을
가리킴.

076(23-2)
자신의 장수를 적보다 더 두려워해야

　하나로 통일하기에 온 힘을 기울이면 승리할 것이요, 흩어 분산시키면 패배할 것입니다. 진을 치되 긴밀하게 하면 견고해질 것이며, 행렬을 분산시키면 병기를 자유롭게 사용할 수 있습니다.

　병졸이 자신의 장수를 적보다 더 두려워하면 승리할 것이요, 병졸이 적을 자신의 장수보다 더 두려워한다면 패배하고 말 것입니다.

　따라서 승패를 예견하려면 병사들이 적을 두려워하는가, 아니면 장수를 두려워하는가를 비교하면 됩니다. 이렇게 비교하면 저울로 다는 듯 정확합니다. 안정되고 고요함을 지키면 다스려질 것이요, 포악하게 하고 급히 서둘면 혼란이 일어나고 말 것입니다.

　專一則勝, 離散則敗; 陳以密則固, 鋒以疏則達. 卒畏將甚於敵者勝, 卒畏敵甚於將者敗. 所以知勝敗者, 稱將於敵也, 敵與將猶權衡焉. 安靜則治, 暴疾則亂.

【陳以密則固】군의 진영은 엄밀하게 설치해야 함을 말함.
【鋒】칼끝, 병기의 날.
【權衡】저울로 달아 그 양을 계산함을 말함. 저울대가 평형을 이룸과 같이 차이 없이 느끼도록 함.

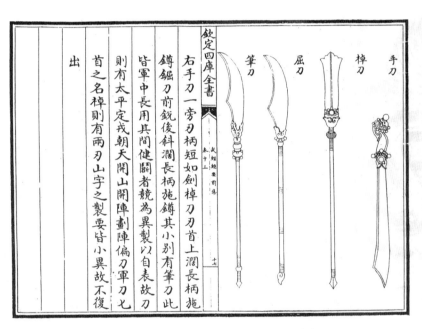

右手刀一旁刃柄短如劍棹刀刃首上濶長柄施
鐏鋸刀前銳後斜濶長柄施鐏刃其小別有筆刀此
皆軍中長用其間健鬪者競為異製以自表故刀
則有太平定戎朝天開山開陣劃陣偏刀軍刀七
首之名棹則有兩刃山字之製要皆小異故不復
出

手刀　棹刀　屈刀　筆刀

《武經總要》에 실려 있는 고대 각종 전투 장비

077(23-3)
모든 일에 규율과 법령이 있어야

출병과 포진에는 군율이 있으며, 대형의 밀도에도 일정한 기준이 있으며, 선후 순서에는 적당한 규정이 있습니다.

항상 같은 규율이란, 달아나는 적을 추격하거나, 그들 읍을 습격할 때 사용하는 법을 말하는 것이 아닙니다.

전후 차례를 어기면 질서를 잃게 되니 선후를 어지럽히는 자는 참수해야 합니다.

포진은 적을 향하여 하는 것이 보통이지만, 상황에 따라 안으로 향하기도 하고 밖을 향하기도 하며, 서서 진열을 이루기도 하고 앉아서 진열을 맞추기도 합니다.

무릇 안으로 향하는 것은 자신들의 안을 돌아보도록 하는 형태이며, 밖을 향한다는 것은 밖을 경계함을 말합니다. 그리고 서서 진형을 만드는 것은 공격하기 위한 것이며, 앉아서 진열을 갖추는 것은 중지하여 휴식을 취할 때의 진형입니다.

앉거나 서는 진형은 공격과 수비에 따라 결정하며, 장수는 항상 그 가운데에 위치해야 합니다. 앉아서 쉬는 병사는 칼과 도끼를 무기로 가지고 있고, 서서 진열한 병사는 창과 큰 활을 무기로 가지고 있어야 하며, 장수는 그 때에도 가운데에 위치해야 합니다.

적을 잘 통제하는 자는 정병正兵으로 먼저 접전을 벌여 그들을 틀어쥐어야 합니다. 이것이 필승의 방법입니다.

出卒陳兵有常令, 行伍疏數有常法, 先後之次有適宜. 常令者, 非追北襲邑攸用也. 前後不次則失也. 亂先後斬之.

常陳皆向敵, 有內向, 有外向, 有立陳, 有坐陳. 夫內向, 所以顧中也; 外向, 所以備外也; 立陳, 所以行也; 坐陳, 所以止也. 立坐之陳相參進止, 將在其中. 坐之兵劍斧, 立之兵戟弩, 將亦居中. 善御敵者, 正兵先合, 而後扼之, 此必勝之術也.

【常令】 언제나 바뀌지 않고 통용할 수 있는 법령이나 규정. 軍律.
【常陳】 일반적인 진법.
【正兵】 '奇兵'에 상대되는 용어로 통상적인 방법을 사용하는 전투부대.
【扼】 액살함. 죄어 죽임. 틀어쥠.

078(23-4)
허실은 병법의 요체

  부월斧鉞을 진열하고, 기장旗章을 장식으로 꾸며, 공이 있는 자에게는 반드시 상을 내리며, 법령을 범한 자에게는 반드시 사형을 내려야 합니다. 존망存亡과 사생死生은 북채 끝에 있으니, 비록 천하에 훌륭한 병사를 거느리고 있는 자라 해도 능히 이를 제지할 수 없습니다.

  화살 쏘는 일이 아직 벌어지지 않았고 긴 칼이 서로 맞붙지 않았는데 함성지르는 것을 허성虛聲이라 하고, 접전이 시작된 뒤에 함성지르는 것을 실성實聲이라 하며, 아무런 소리를 내지 않는 것을 일러 비성秘聲이라 합니다. 이처럼 허실虛實이란 병법의 요체입니다.

  陳之斧鉞, 飾之旗章, 有功必賞, 犯令必死; 存亡死生, 在枹之端, 雖天下有善兵者, 莫能御此矣.

  矢射未交, 長刀未接, 前噪者謂之虛, 後噪者謂之實, 不噪者謂之秘, 虛實者兵之體也.

【枹】부(桴)와 같음. 북채.

【長刃】자루가 긴 무기. 矛나 戟 등을 말함.

【虛】虛聲. 미리 상대에게 겁을 주기 위하여 허세를 부려 고함과 함성을 지르는 것.

【實】實聲. 실제 싸움에서 힘을 북돋우기 위하여 함성을 지르는 것.

【秘】秘聲. 소리를 감춤. 자신의 역량을 상대에게 알리지 않기 위해 아무런 소리를 내지 않는 것.

【虛實】병법에 늘 거론되는 술어. 奇正과 같은 맥락의 군사 상황을 활용하는 방법으로 '虛虛實實'의 병법. 혹은 '以實擊虛'의 용병술이라 함.

울로자

24. 병령兵令 (下)

　본편은 군대에서의 기율을 어떻게 집행할 것인가에 대한 조령條令이다. 주된 내용은 전위부대의 직책, 변경을 수비하는 병사에 대한 법령, 실제 전투 상황에서의 군율, 군적軍籍의 명부 관리와 처벌 규정 등에 대한 내용을 싣고 있다.

징집 날짜를 넘긴 병사

대군大軍을 떠나 전방에서 방어하며 수비하는 여러 군사들은, 변방의 현縣과 여러 변새로부터 각기 3리, 혹은 5리씩 거리를 두고 있습니다. 대군이 출발하면 이들은 경계 조치를 취해야 합니다. 전투가 벌어지면 변방의 모든 통행을 금하는데, 이는 나라의 안전을 지키기 위함입니다.

한편 내지內地에서 지키던 후방 병사로서 변방을 지키기 위하여 출발하는 병사는, 소속 장리將吏가 깃발과 북 그리고 창과 갑옷을 주도록 합니다. 출발하는 날에 뒤늦게 도착한 장수나 관리 및 징집 대상인 현縣의 봉계封界를 벗어난 자는 후수법後戍法에 의해 처벌합니다. 변방을 지키는 병사는 일년을 지키다가 도망하였거나, 교대를 기다리지 아니하고 돌아오는 자는 도망한 병사와 같이 여기되, 그 부모처자가 이를 알고도 신고하지 아니하면 같은 죄로 처벌하고, 모르고 있었다면 사면해 줍니다.

사병으로서 장리將吏보다 늦게 와서 대장大將보다 하루 늦었으면, 부모처자가 같은 죄로 처벌을 받으며, 병졸이 집으로 도망하여 하루가 지나도록 부모처자가 이를 체포하도록 알리지 않거나 신고하지 않으면 역시 같은 죄로 처벌합니다.

諸去大軍爲前禦之備者, 邊縣列侯各相去三五里, 聞大軍爲前禦之備, 戰則皆禁行, 所以安內也.

內卒出戍, 令將吏授旗鼓戈甲. 發日, 後將吏及出縣封界者, 以坐後戍法. 兵戍邊一歲遂亡. 不候代者, 法比亡軍. 父母妻子知之, 與同罪; 弗知, 赦之.

卒後將吏而至大將所一日, 父母妻子盡同罪. 卒逃歸至家一日, 父母妻子弗捕執及不言, 亦同罪.

【大軍】주력부대. 본부대. 자신이 속한 상위 부대.
【邊縣列侯】변경의 현에 연이어 포진되어 있는 척후병과 보루. 수루, 변새. '侯'는 '候'와 같음.
【內卒出戍】'內卒'은 후방 內地의 병사. '出戍'는 변방으로 파견되어 邊塞를 지키기 위하여 출발함을 가리킴.
【後戍法】변방 수위 때 늦게 도착한 병사를 징벌하는 군법.
【亡軍】도망한 군사. 탈영병.

전우의 시신이라도 거두어야

전투 중에서 그 장리將吏를 떠나는 자와 패하여 병졸을 버리고 혼자 도망친 장리는 모두 참수합니다. 그리고 전방 부대의 군리軍吏가 그 병졸을 버리고 도망하였을 때 뒤에 있는 부대의 군리가 이를 참수하고, 그가 거느렸던 부대 병졸을 받아들였을 경우 그 군리에게 상을 내리며, 군대 전투에서 아무런 공을 세우지 못한 자는 변방에서 3년을 근무하도록 합니다.

삼군三軍의 대전大戰에서 만약 대장大將이 죽었는데, 그 부하로서 5백 명 이상의 군대를 거느린 장리가 능히 적과 사투하지 않았다면 장리를 참수하며, 대장의 좌우로서 사졸 가까이 진중에 있던 자도 모두 참수합니다. 그 나머지 병졸로서 전투에서 그나마 공을 세운 자는 한 급수를 빼앗아 강등시키며, 아무런 공을 세우지 못한 자는 변방에서 3년을 근무하도록 합니다.

전투에서 다섯 명 한 조의 오대 중에서 도망한 자가 있거나, 오대의 전투에서 죽은 자의 시신을 거두어 오지 못한 경우는 그 오대가 세운 모든 공을 없는 것으로 깎아 버리며, 그 시신이라도 거두어 온 경우 모두 사면해 줍니다.

諸戰而亡其將吏者, 及將吏棄卒獨北者, 盡斬之. 前吏棄其卒而北, 後吏能斬之而奪其卒者, 賞. 軍無功者, 戍三歲.

　三軍大戰, 若大將死, 而從吏五百人以上不能死敵者, 斬; 大將左右近卒在陣中者, 皆斬; 餘士卒有軍功者, 奪一級. 無軍功者, 戍三歲.

　戰亡伍人, 及伍人戰死不得其屍, 同伍盡奪其功; 得其屍, 罪皆赦.

【亡】 망실, 손해의 뜻. 혹, 떠나다, 도망하다의 뜻.
【獨北】 '독배'로 읽으며 홀로 패하여 도망함.
【餘士卒】 그 나머지의 병사들. 패잔병.

081(24-3)
병적에 이름만 올라 있는 자

　군대의 승리와 손해는 나라 군대의 인원과 실제 전투 인원이 맞아야 합니다. 지금 명부상으로는 관에 그 이름이 올라 있으면서 실제로는 집에 있는 자가 있다면, 관에서는 그 실제 인원이 없는 것이며, 집에서는 실제 그 이름이 없는 것이 됩니다. 병졸을 모아 군대를 형성하는 것인데 그 이름만 있고 사람이 없으면 밖으로 적을 방어해 낼 수가 없고, 안으로는 나라를 지켜낼 수 없습니다. 이것은 군대에서는 인원이 수급되지 않는 것이며, 장수로서는 그 위엄을 빼앗기는 것이 됩니다.

　제 생각으로는 병졸로서 집으로 도망쳐 온 자는, 그와 같이 하는 오인伍人과 군리로서 처벌을 받은 자의 양식을 수입으로 삼아 그 인원수를 군대의 실제 인원으로 계산하고 있는데, 이는 군인 한 명의 이름으로 실제로는 두 사람 몫을 부담하는 것이 되어 국내는 공허해지고 스스로 백성의 일년 세금을 고갈시키는 것인데, 어찌 전쟁에서 도망친 자의 죄를 면해 주어야 합니까?

　지금 병사가 도망하여 귀향하는 것을 법으로 금지하고 있습니다. 군사가 도망하는 것을 금하는 것은 전쟁에서 이길 수 있는 첫 번째 요소입니다. 평상시 십대什隊와 오대伍隊가 서로 보증해 준다면 전투에서 병졸과 군리가 서로 구제해 줄 수 있어, 이는 승리를 위한 두 번째 요소입니다. 장수로서 능히 위엄을 세우며 병졸로서 능히 자신을 절제하며 호령이 명확하고 믿음이 있게 되며, 공격과 수비를 알맞게 운용할 수 있다면 이는 승리를 이룰 수 있는 세 번째 요소가 되는 것입니다.

軍之利害, 在國之名實. 今名在官, 而實在家, 官不得其實, 家不得
其名. 聚卒爲軍, 有空名而無實, 外不足以禦敵, 內不足以守國, 此軍
之所以不給, 將之所以奪威也.

臣以謂卒逃歸者, 同舍伍人及吏罰入糧爲饒. 名爲軍實, 是有一軍
之名, 而有二實之出, 國內空虛, 自竭民歲, 曷以免奔北之禍乎?

今以法止逃歸, 禁亡軍, 是兵之一勝也; 什伍相聯, 及戰鬪則卒吏
相救, 是兵之二勝也; 將能立威, 卒能節制, 號令明信, 攻守皆得,
是兵之三勝也.

【伍人】 다섯이 오대가 되어 편제에 들어간 집안을 말함.
【入糧】 군량을 보급함.
【饒】 수익을 뜻함.
【軍實】 군수 물자.
【民歲】 백성의 일년 수입. 농산물의 수확을 가리킴.
【曷以】 "어찌 ~이겠는가?"의 뜻.

백만 군사가 있다 해도

제가 듣건대 옛날 용병에 뛰어났던 자는 능히 사졸을 반만 덜고도 승리해 냈으며, 그 다음은 열에 셋을 덜고도 승리해 냈으며, 그 다음은 열에 하나를 덜고도 승리를 해냈다 합니다. 능히 그 반을 덜어냈던 자는 그 위엄이 해내에 두루 휘날리며, 열에 셋을 덜어 내고도 해냈던 자는 그 무력으로 제후를 압도할 수 있으며, 열에 하나를 덜고 겨우 해 낸 자는 그 사졸들로 하여금 명령에 따라 행할 수 있게 합니다. 그러므로 '비록 백만의 군사가 있다 해도 이들을 명령대로 부리지 못한다면 뜻을 모아 협력하는 만 명만도 못하며, 전투력을 가진 만 명을 거느린다 해도 명령에 따르지 않는다면 분투하는 백 명을 거느린 것만 못하다'라 한 것입니다.

상을 내림이 해와 달처럼 명확하고, 믿음이 네 계절처럼 분명하며, 명령이 부월斧鉞처럼 무섭고, 제도가 간장干將처럼 날카로운데도 그 사졸들을 명령대로 부릴 수 없는 경우가 있다는 것은 들어 보지 못하였습니다.

臣聞古之善用兵者, 能殺士卒之半, 其次殺其十三, 其下殺其十一.
能殺其半者, 威加海內; 殺十三者, 力加諸侯; 殺十一者, 令行士卒.
故曰:「百萬之衆不用命, 不如萬人之鬪也. 萬人之鬪, 不如百人之奮也.」
賞如日月, 信如四時, 令如斧鉞, 制如干將, 士卒不用命者, 未之聞也.

【殺】감쇄(減殺)의 뜻.

【十三】열 가운데 셋. 10분의 3을 말함. 아래도 같은 계산을 뜻함.

【力加諸侯】힘으로 제후를 압박하거나 압력을 가함.

【用命】명령을 따름. 順命, 從命과 같음.

【干將】고대 전설상의 명검. 막야(莫邪)와 더불어 吳나라 부부가 만든 칼이라 함.
《吳越春秋》에 “干將, 吳人. 莫邪, 干將之妻, 干將作劍, 莫邪斷髮剪爪, 投於爐,
金鐵乃濡, 遂以成劍, 陽曰干將, 陰曰莫邪”라 함.

울료자

부록

Ⅰ. 銀雀山 출토 漢簡 《尉繚子》 釋文

❋ 1972년 山東省 臨沂縣 銀雀山 漢墓 1호 고분에서 西漢 초기의 《울료자》 竹簡 6편이 발견되었다. 이에 1977년 文物出版社(北京)에서는 銀雀山竹簡整理小組의 《銀雀山簡本尉繚子釋文(附校注)》《文物》第2, 3期)를 출간하였다.

이에 그 釋文을 宋本 武經七書의 《울료자》와 비교할 수 있도록 이를 전재하여 연구자의 도움으로 삼는다. 아라비아 숫자는 책에서 밝힌 죽간의 일련번호이며 □는 글자를 판독할 수 없는 자, 그리고 [ ]은 殘簡으로 문자의 연결이 어려운 구절, 그리고 ……의 표시는 5글자 이상 연속하여 글자를 판독할 수 없으며 글자 수도 명확히 알 수 없음을 나타낸 것이다.

〈1〉「治□」
(▶宋本에는 〈兵談〉으로 되어 있음)

(609)
[□□□] □境而立邑建城, 以城稱地, 以地稱……稱也, 故逃(退)可以守固,
(▶宋本: 量土地肥墝而立邑, 建城稱地, 以城稱人, 以人稱粟, 三相稱, 則内可以固守, 外可以戰勝.)

(610)
[□□□]戰勝. 戰勝於外, 福産於内. ……□□焚焚, 産於無.
(▶宋本: 戰勝於外, 備主於内. 治兵者, 若祕於地, 若邃於天, 生於無.)

(611)
……大而不哨(窕), 闞之, 細而不欬. 行廣.
(▶宋本: 故闞之, 大不窕, 小不恢, 下無〈行廣〉.)

(612)

……□故王者, 民之歸之如流水, 望.

(613)

故曰於明[□□□□]取天下若化. 國貧者能富之,

(614)

……時不應者能應之, 土廣.
(▶宋本: 民流者親之, 地不任者任之.)

(615)

[□□□]國不得毋富. 民衆而制, 則國富得毋治. 夫治且富之國, 車不發□, 甲不出睪(橐), 威.
(▶宋本: 夫土廣而任則國富, 民衆而治則國治. 富治者, 民不發軔, 車不暴出而威制天下.)

(616)

……天下. 故兵勝於朝廷, 勝於喪紀, 勝於土功, 勝於市井. 睪(橐) 甲而勝, 主勝也. 陳而勝, 主勝也. 戰勝, 臣
(▶宋本: 故曰: 不暴甲而勝者, 主勝也: 陣而勝者, 將勝也.)

(617)

□也. 戰再勝, 當壹敗. 十萬之師出, 費日千金, □□□□□[□□] 故百戰百勝, 不善者善

(618)

……善者善者也. 故善者成其刑(形)而民……勝而止出

(619)

……大矣, 壹□而天下幷. 故患在百里之內者, 不起一日之師. 患在千里
之內, 不起一月之師.

(▶宋本: 兵起非可以忿也, 見勝則興, 不見勝則止. 患在百里之內, 不起
一日之師, 患在千里之內, 不起一月之師, 患在四海之內, 不起一歲之師.)

(620)

[□□]四海內者, 不起一歲之師. 戰勝其國, 則攻其[□□□□]國, 不攻
其都. 戰勝天下,

(621)

[□□□□]不勝天下, 不攻其國. 故名將而無家, 絶苦(險)兪(逾)根
(垠)而無主, 左提鼓右慮(攄)枹

(622)

[□]生焉. 故臨生不爲死, 臨死不爲生. 得帶甲十萬, □車千乘, 兵絶苦
(險)兪(逾)根(垠)不□

(623)

……怒, 精(淸)不可事以財. 將之自治兆兆

(▶宋本: 將者上不制於天, 下不制於地, 中不制於人, 寬不可激而怒,
淸不可事以財.)

(624)

……耳之生恩, (聰), 目之生明. 然使心狂

(625)

者誰也? 難得之貨也. 使耳聲者誰也? 曰□……者誰也? 曰□澤好色也.

(626)

……耳聲……. 及者, 羊腸亦勝, 鋸齒亦勝, 綠山入

(627)

溪亦勝, 方亦勝, 園亦勝, 橢亦勝. 兵重者如山

(▶宋本: 兵之所及, 羊腸亦勝, 鋸齒亦勝, 綠山亦勝, 入谷亦勝, 方亦勝, 園亦勝.)

(628)

……之壓人, 如雲鯢(霓)復(覆)人. 閉闕辭交而廷中之故□

(629)

……□□□□所加兵者, 令聚者不得

(▶宋本: 重者如山如林, 如江如河; 輕者如炮如燔, 如但壓之, 如雲復之, 令之聚不得以散, 散不得以聚.)

(630)

[□□□□□]聚; 俛者不得迎(仰), 迎(仰)者不得俛; 左者不[□□□
□□]得左. 知(智)土不給慮, 甬(勇), 土不

(▶宋本: 左不得以右, 右不得以左.)

(631)

……□木, 弩如羊甬, 民人無……. □昌于于者勝成法. 治□

(▶宋本: 如總木, 弩如羊甬, 人人無不騰陵張膽, 絶乎疑慮, 堂堂決而去.)

(632)

……□而行必廣其處

(633)

……國可□也. 無衝籠而攻, 無……

(634)

……□外不能成其勝. 大兵無創, 與鬼神.

(635)

……勝議也. 故能戰勝

(636)

……小魚(漁)魚(漁)淵而禽(擒), 其魚, 中魚(漁)魚(漁)國而禽(擒)其
士大夫, 大魚(漁)魚(漁)天下而禽(擒)其萬國諸侯 故大之注

(637)

……塞邪而食□……

(638)

……□食, 發號出令, 不□……

(639)

□□不殺殀(夭)台(胎), 不膾不成之財(材)

(640)

……□少而歸之……

(641)

……日, 不有虜將, 必有□君. 十日, 不□□□□□……

(642)

……地利, 中失民請(情). 夫民饑者不得食,

(643)

[寒]者部得衣, 勞者不得息, 故擧兵而加

(644)

……□之如春夏, 所加兵者……

〈2〉 兵勸

(▶宋本에는 〈攻權〉으로 되어 있음)

(645)

[□□]□固, 以槫(專)勝. 力分者弱, 心疑者北(背). [□□]故進(退)不槀(豪), 從適(敵)不禽(擒).

(▶宋本: 兵以靜勝, 國以專勝. 力分者弱, 心疑者背. 夫力弱故進退不豪, 縱敵不禽.)

(646)

將吏士卒, 童(動)靜如身. 心疑必北(背). 是故□

(▶宋本: 將吏士卒, 動靜一心, 心既疑背, 則計決而不動, 動決而不禁.)

(647)

……無嘗試, 發童(動)必蚤(早), 畝凌而兵毋與戰矣. [□□□]心也. 群下, 支(肢)節也. 其心童(動)

(▶宋本: (將無修容, 卒)無嘗試, 發攻必衄, 是謂疾陵之兵, 無足與鬥. 將帥者, 心也. 群下者, 支節也.)

(648)

……心童(動)疑, 支(肢)節也. ……下不節童(動)唯(雖)勝爲幸. 不壹不

(▶宋本: 其心動以誠, 則支節必力; 其心動以疑, 則支節必背. 夫將不心制, 卒不節動, 雖勝幸勝也.)

(649)

……□敗, 威立者勝. 凡將死其道者

(▶宋本: 夫民無兩畏也, 畏我侮敵, 畏敵侮我, 見侮者敗, 立威者勝. 凡將能其道者.)

(650)

……□□□威在志位, 志位不代(忒), 威乃

(▶宋本: 愛在下順, 威在上立, 愛故不二, 威故不犯.)

(651)

……□愛者, 將之成者也. 是故兵不□□

(▶宋本: 故善將者, 愛與威而已. 戰不必勝, 不可以言戰.)

(652)

……以名信, 信在屢兆. 是故衆聚不虛散, 兵出不徒[□□□□□]亡人,
擊適(敵)若卜(赴)溺者. 囚險者

(▶宋本: 故衆已聚不虛散, 兵已出不徒歸. 求敵若救亡子, 擊敵若救溺人.)

(653)

毋(無)戰心, 搚戰毋(無)兵勝, 佻(挑)戰毋(無)全氣. 凡俠(挾)議(義)
[□□□□] □起; 爭私結怨, 貴以不得已.

(▶宋本: 凡挾義而戰者, 貴從我己; 私爭結怨, 應不得已.)

(654)

[□□]□起□適(敵), 貴先. 故事必當時, □必當[□□□□]於朝廷,
勝於喪紀, 勝於土功,

(▶宋本: 故爭必當待之, 息必當待之. 兵有勝於朝廷, 有勝於原野, 有勝
於市井.)

(655)

勝於市……□敗，曲勝者，其勝全，雖不曲勝，勝勸，

（▶宋本：鬪則失，幸以不敗，此不意彼驚懼而曲勝之也．曲勝言非全也．
非全勝者無權名．）

(656)

……□□□以明吾勝也．兵勸

〈3〉□□

(▶宋本에는 〈守權〉으로 되어 있음)

(657)

……仁(靭)失盡於郭中

(▶宋本: 勁弩彊失盡在於郭中.)

(658)

……毁折入此, 令客氣數什百倍, 而主人氣不半□[□□]者傷守甚者也, 然而世□

(▶宋本: 乃收窖廩, 毁折而入保, 令客氣十百倍, 而主人氣不半焉. 敵攻者傷者甚也. 然而世將弗能知.)

(659)

……而守者不出, 出者不守. 守法: 丈, □人守, □

(▶宋本: 守法: 城一丈, 十人守之, 工食不與焉. 出者不守, 守者不出.)

(660)

……□一而當十, 十而當百, 百而當千萬.

(▶宋本: 一而當十, 十而當百, 百而當千, 千而當萬.)

(661)

……城堅而厚, 士民衆簒(選). 薪食經

(▶宋本: 城堅而厚, 士民備薪食.)

(662)

[□]□勁失仁(韌), 矛戟[□□□]□策也. 攻者[□□□□□]萬之衆
乃稱. 其有必救之軍, 則有必

(▶宋本: 弩堅失彊, 矛戟稱之, 此守法也. 攻者不下十餘萬之衆, 其有必
救之軍者, 則有必守之城.)

(663)

[□□□□]必救之□……遇(愚)夫僮婦無不敝城盡資

(▶宋本: 無必救之軍者, 則無必守之城. 若彼堅而救誠, 則愚夫惷婦無
不蔽城盡資血城者.)

(664)

……則固不尙. 鼓其藁(豪)樂(傑)俊雄, 堅甲里兵勁弩仁(韌)失幷於前,
則有□毀□兵於後, 五萬之

(▶宋本: 遂發其窖救撫, 則亦不能止矣. 必鼓其豪傑雄俊, 堅甲利兵,
勁弩彊失幷於前, 幺麽毁瘠者幷於後, 十萬之軍, 頓於城下.)

(665)

[□□]誠必救, 關之其後, 出要塞, 擔擊其後. 毋通其量(糧)食, 中外
相應. ……

(▶宋本: 救必開之, 守必出之, 出據要塞, 但救其後. 無絶其糧道, 中外
相應.)

〈4〉□□
(▶宋本에는 〈將理〉로 되어 있음)

(666)
……失射之弗及. 罷囚之請(情), 不侍(待)陳水楚[□□□]請(情)可畢.
其侍(待)佰 人之北(背), 炤(灼)人之
(▶宋本: 君子不救囚於五步之外, 雖鉤失射之弗追也. 故喜審囚之情,
不待箠楚而囚之情可畢矣. 笞人之背, 灼人之脅, 束人之指.)

(667)
[□□□□□]以得囚請(情), 則國士勝□, 不宵(肖)自□. 故今世千金
不死, 百金不胥靡. 試聽臣之.
(▶宋本: 而訊囚之情, 雖國士有不勝其酷而自誣矣. 今世諺云:「千金
不死, 百金不刑.」 試聽臣之言.)

(668)
……知(智), 不得關一言, [□□□□□]得用一朱(銖). 今不觳(繫)者,
小圍不下十數,
(▶宋本: 雖有堯舜之智不能關一言, 雖有萬金不能用一銖. 今夫決獄,
小圍不下十數.)

(669)
[□□□□]百數, 大圍不下千數. 故一人
(▶宋本: 中圍不下百數, 大圍不下千數. 十人聯百人之事.)

(670)
……爲不作. 今不觳(繫)者, 大者父兄弟有在獄
(▶宋本: 所聯之者, 親戚兄弟也.)

(671)

……離其屯鄰(業)， 賈無不離其殍(肆)宅， 士大夫無不離其官府.
[□□]□者，人之請(情)也. 故兵策曰：「十萬之

（▶宋本： 是農不無離田業， 賈無不離肆宅， 士大夫無不離官府， 如此關
聯良民， 皆囚之情也. 兵法曰：「十萬之師出， 日費千金.」）

(672)

師出， 費日千金. 今甲戌十萬之衆， 封內與天……

（▶宋本： 今良民十萬而聯於囚圄， 上不能省， 臣以爲危也.）

〈5〉 □□
(▶宋本에는 〈原官〉으로 되어 있음)

(673)
……償尊參會, 移民之具也. 均地分, 節傅(賦)斂, □
(▶宋本: 好善罰惡, 正比法會, 計民之具也. 均幷地, 節賦斂, 取與之度也.)

(674)
……□臣主根也. 刑賞明省, 畏誅重姦, 止姦……原, 正(政)事之均也.
(▶宋本: 明主守, 等輕重, 臣主之權也. 明賞賚, 嚴誅責, 止姦之術也.
審開塞, 守一道, 爲政之要也.)

(675)
……王之二術也. 粗(俎)豆同利制天下.
(▶宋本: 官分文武, 惟王之二術也. 俎豆同制, 天子之會也.)

(676)
王者之德也. 明禮常, 覇者之
(▶宋本:「君民繼世, 承王之命也. 更造易常, 違王明德, 故禮得以伐之也.」
라 하여 竹簡 釋文과 다름.)

(677)
……無事□, 上無慶賞, 民無獄訟, 國無商賈, 成王至正(政)也. 服奉
下週, 成王至德也.
(▶宋本: 官無事治, 上無慶賞, 民無獄訟, 國無商賈, 何王之至, 明擧上達,
在王垂聽也.)

〈6〉 兵令

(▶宋本에는 〈兵令上〉, 〈兵令下〉로 되어 있음)

(1098)

兵令

(1099)

兵者凶器逆悳(德), 爭者事之[□□□□] 暴□□定仁義也; 戰國所以立威侵適(敵), 弱國之所不能發(廢)

(▶宋本: 兵者凶器也, 爭者逆德也. 事必有本, 故王者伐暴亂, 本仁義焉. 戰國則以立威抗敵, 上圖而不能廢兵也.)

(1100)

也. 兵者, 以武爲棟, 以文爲□; 以武爲表, 以文……以文爲內. 能審此三者, 則知所以勝敗矣.

(▶宋本: 兵者以武爲植, 以文爲種. 武爲表, 文爲裡, 能審此三者, 知勝敗矣.)

(1101)

武者所以陵(凌)適(敵)分死生也, ……危; 武者所[□□]

(▶宋本: 文所以視利害, 辨安危; 武所以犯强敵, 力攻守也.)

(1102)

適(敵)也, 文者所以守也. 兵之用文武也, 如鄕(響)之應聲, 而□之隨身也. 兵以專壹勝, 以離散敗. 陳以

(▶宋本: 專一則勝, 離散則敗.)

(1103)

數必固, 以疏□□. 將有威則生, 失威則死, 有威則勝, 毋(無)威則敗.
卒有將則斲(鬭), 毋(無)將則北.

(▶宋本: 陳以密則固, 鋒以疏則達.)

(1104)

……賞罰之胃(謂)也. 卒畏將于適(敵)者戰勝, 卒畏適(敵)于將者
戰北. 未戰所.

(▶宋本: 卒畏將甚於敵者勝, 卒畏敵甚於將者敗.)

(1105)

以知勝敗, 固稱將[□]適(敵), [敵]之與將猷(猶)權衡也. 兵以安靜治,
以暴疾亂. 出卒(陳)兵, 固有恆令, 行伍

(▶宋本: 所以知勝敗者, 稱將於敵也, 敵與將猶權衡焉. 安靜則治, 暴疾
則亂, 出卒陳兵有常令.)

(1106)

之疏數, 固有恆法, 先……敵之恆令, 非追北衲邑, 先後□□

(▶宋本: 行伍疏數有常法, 先後之此有敵宜. 常令者, 非追北襲邑收
用也. 前後不次則失.)

(1107)

……之恆令, 前失後斬, 兵之恆(陳), 有鄉(向)適(敵)者, 有內鄉(向)者,
有立(陳)者, 有坐(陳)

(▶宋本: 亂失後斬之. 常陳皆向敵, 有內向, 有外向, 有立陳, 有坐陳.)

(1108)

……將與卒, 非有父子之親, 血□之樹(屬), 六親之私也, 然而見適(敵)
走之如歸, 前唯(雖)有千仁(仞)之溪, 折膓脊)

(1109)

……賞, 後則見必死之刑. 將戰不能明其[□□□□□]

(1110)

寄嚴, 則敗軍死將禽(擒)卒也. □□……制, 嚴刑罰□

(1111)

□賞, 全功發(伐)之得, 伸(陳)斧越(鉞), 餝章旗, 有功必□, 犯令必死.
及之兩適(敵)之相(距), 行伸(陳)薄近,
(▶宋本: 陳之斧鉞, 餝之旗章; 有功必賞, 犯令必死.)

(1112)

……有天下之善者, 不能御大鼓之後矣. 出卒伸(陳)兵, 行伸(陳)
(▶宋本: 雖天下有善兵者, 莫能禦此矣.)

(1113)

視適(敵), 章旗相望, 失弩未合, 兵刃未接, 先譟者虛, 後譟胃(謂)之實,
不譟胃(謂)之開. [開]實[□□□]

(1114)

也. 諸縣去軍百里者, 皆爲守禦之備, 如居邊之一城
(▶宋本: 諸去大軍爲前禦之備者, 邊縣列候, 各相去三五里.)

(1115)

……也. 有令起軍, 將吏受鼓旗

(▶宋本: 聞大軍爲戰禦之備戰則皆禁行, 所以安內也. 內卒出戍, 令將吏受旗鼓戈甲.)

(1116)

……後其將吏出于縣部界……□述(遂)亡不從其將吏, 比于亡軍. 父母

(▶宋本: 戈甲發日, 後將吏及出縣封界者以佐後戍法. 兵戍邊一歲遂亡. 不候代者, 法比亡軍, 父母妻子之知, 與同罪.)

(1117)

……後將吏至大將之所一日, □□□

(▶宋本: 卒後將吏而至大將所一日, 父母妻子盡同罪. 卒逃歸至家一日, 父母妻子弗捕執及不言, 亦同罪.)

(1118)

……吏戍一歲. 戰而失其將吏, 及將吏戰而死, 卒獨北而環(還)其法當盡斬之. 將吏將其卒北,

(▶宋本: 諸鄭而亡其將吏者, 及將吏棄卒獨北者, 盡斬之. 前吏棄其卒而北.)

(1119)

斬其將□…□□□□三歲. 軍大戰, 大將死, □□五百以上不能死適(敵)者

(▶宋本: 前吏棄其卒而北, 後吏能斬之而奪其卒者賞. 軍無功者戍三歲. 三軍大戰, 若大將死而從吏五百人已上不能死敵者斬.)

(1120)

皆當斬, 及大將左右近卒在□□者皆當斬. ……奪一功, 其毋(無)[□□
□]□三歲.

(▶宋本: 大將左右近卒在陳中者, 皆斬. 餘士卒有軍功者, 奪一級, 無軍
功者, 戍三歲.)

(1121)

……軍功者戍三歲, 得其死(屍)罪赦. 卒逃歸及, ……軍之傷□也, 國之
大費也. 而

(▶宋本: 戰亡伍人及伍人戰死不得其屍, 同伍盡奪其功, 得其屍, 罪皆赦.)

(1122)

將不能禁止, 此内自弱之道也. 名在軍而實居于家, □□不得其實,

(▶宋本: 軍之利害, 在國之名實, 今名在官而實在家, 官不得其實, 家不
得其名.)

(1123)

……□吏以其糧爲饒, 而身實食于家. 有食一人軍之名, 有二

(▶宋本: 臣以謂卒逃歸者, 同舍伍人及吏罰入糧爲饒, 名爲軍實, 是有
一軍之名而有二實之出.)

(1124)

實之出, 國内空虛盡渴(竭)而外爲歲曷内北之數也. 能止逃歸, 禁亡軍,
□兵之一勝也. 使什

(▶宋本: 國内空虛, 自竭民歲, 曷以免奔北之禍乎? 今以法之逃歸,
禁亡軍, 是兵之一勝也.)

(1125)

伍相連也, 明其

(1126)

……令嚴信, 功發(伐)之賞□□

(▶宋本: 什伍相聯, 及戰鬥則卒吏相救, 是兵之二勝也. 將能立威, 卒能節制, 號令明信, 攻守皆得, 是兵之三勝也.)

(1127)

……內, 能殺其少半者力加諸侯, 能殺其什一者 [□□]□卒. 臣聞百萬之衆而不戰, 不如萬人之尸. 萬人而

(▶宋本: 臣聞古之善用兵者, 能殺卒之半, 其次殺其十三, 其下殺其十一. 能殺其半者, 威加海內; 殺十三者力加諸侯; 殺十一者令行士卒. 故曰百萬之衆不用命, 不如萬人之鬥也; 萬人之鬥不如百人之奮也.)

(1128)

不死, 不如百人之鬼. [□□□□□]信比四時, 令嚴如斧越(鉞), 利如于漿(將), 而士卒有不死

(▶宋本: 賞如日月, 信如四時, 令如斧鉞, 制如于將, 士卒不用命者.)

(1129)

用者, 未嘗之……

(▶宋本: 未之有也.)

Ⅱ. 《群書治要》本 (권37) 《尉繚子》

〈1〉 天官

梁惠王問尉子曰:「吾聞皇帝有刑德, 可以百戰百勝, 其有之乎?」

尉曰:「不然. 皇帝所謂刑德者, 以刑伐之, 以德守之, 非世之所謂刑德也. 世之所謂刑德者, 天官時日陰陽向背者也. 皇帝者, 人事而已矣. 何以言之? 今有城於此, 從其東西攻之, 不能. 從其南北攻之, 不能取. 此四者豈不得順時乘利者哉? 然不能取者何? 城高池深, 兵戰備具, 謨而守之也. 若乃城下池淺守弱可取也. 由是觀之, 天官時日, 不若人事也.」

故按刑德天官之陳曰,「背水陣者爲絶地, 向坂陳者爲廢軍.」武王之伐紂也, 背濟水, 向山之阪. 以萬二千人, 擊紂之億有八萬人, 斷紂頭懸之白旗. 紂豈不得天官之陳哉? 然不得勝者何? 人事不得也. 黃帝曰:「先稽己知」者, 謂之天官. 以是觀之, 人事而已矣.

〈2〉 兵談

王者民望之如日月, 歸之如父母, 歸之如流水. 明乎禁舍開塞, 其取天下若化. 故曰, 國貧者能富之, 地不任者任之, 四時不應者能應之. 故夫土廣而任, 則其國不得無富; 民衆而制, 則其國不得無治. 且富治之國, 兵不發刃, 甲不出暴, 而威服天下矣. 故曰, 兵勝於朝廷, 勝於喪絶, 勝於士功, 勝於市井. 暴甲而勝, 將勝也. 戰而勝, 臣勝也. 戰再勝, 當一敗. 十萬之師出, 費日千金. 故百戰百勝, 非善之善者也; 不戰而勝, 善之善者也.

〈3〉 戰威

今所以一衆心也, 不審所出則數變, 數變則令雖出衆不信也. 出令之法, 雖有小過毋更, 小疑毋申. 事所以待衆力也, 不審所動則數變, 數變則事雖起, 衆不安也. 動事之法, 雖有小過無更, 小難毋戚, 故上無疑令, 則衆不二聽, 動無疑事, 則衆不二知. 古率民者, 未有不能得其心而能得力者也, 未有不能得其力而能致其死者也. 故國必有禮信親愛之義, 而後民以飢易飽; 國必有孝慈廉恥之俗, 而後慼以死易生. 故古率民者, 必先禮信而後爵祿, 先廉恥而後刑罰, 先親愛而後託其身焉.

民死其上如其親, 而後申之以制. 古爲戰者, 必本其以志, 志以使四枝, 四枝以使五兵. 故志不則士不死絕, 士不死絕, 雖衆不武. 士之道, 民之所以生, 不可不厚也. 爵列之等, 死喪之禮, 民之所以營也, 不可不顯也. 必因民之所生以制之, 因其所營以顯之, 因其所歸以固之. 田祿之實, 飲食之糧, 親戚同鄉, 鄉里相勸, 死喪相救, 丘墓相從, 民之所以歸, 不可不速也. 如此, 故什伍與親戚, 阡陌如朋友, 故止如堵牆, 動如風雨, 車不結軌, 士不旅踵, 此本戰之道也. 地所以養民也, 城所以守地也, 戰所以守城也. 故務耕者其民不飢, 務守者其地不危, 務戰者其城不圍. 三者先王之本務也, 而兵最急矣. 故先王務尊於兵. 尊於兵, 其本有五: 委積不多則事不行, 賞祿不厚則民不勸, 武士不選則士不强, 備用不便則士橫, 刑誅不必則士不畏. 先王務此五者, 故靜能守其所有, 動能成其所欲.

王國富民, 霸國富士, 僅存之國富大夫, 亡國富倉府. 是謂上溢而下漏, 故患無所救. 故曰, 舉賢用能, 不時日而事理; 明法審令, 不卜而事吉; 貴政養勞, 不禱祠而得福. 故曰, 天時不如地理, 地理不如人事. 聖人所貴, 人事而已矣. 勤勞之事, 將必從己先, 故暑不立蓋, 寒不重. 有登降之險, 將必下步, 軍井通而後飲, 軍食熟而後食, 壘城而後舍. 軍不畢食, 亦不火食, 飢飽勞逸寒暑, 必身度之. 如此, 則師雖久不老, 雖老不弊. 故軍無損卒, 將無惰志.

〈4〉 兵令

兵者凶器也; 戰者逆德也; 爭者事之末也. 王者所以伐暴亂而定仁義也.
戰國所以立威侵敵也, 弱國所以不能廢兵者. 以武爲植, 以文爲種; 以武爲表,
以文爲裡; 以武爲外, 以文爲內. 能審此二者, 知所以勝敗矣. 武者所以凌
敵分死生也, 文者所以視利害觀安危; 武者所以犯敵也, 文者所以守之也.
兵用文武也, 如響之應聲也, 如影之隨身也.

將有威則生, 無威則死, 有威則勝, 無威則敗. 卒有將則, 無將則北, 有將
則死, 無將則辱. 威者, 賞罰之謂也. 卒畏將甚於敵者, 戰勝; 卒畏敵甚於將者,
戰北. 夫戰而知所以勝敗者, 固稱將於敵也. 敵之與將也, 猶權衡也.

將之於卒也, 非有父母之惻, 血膚之屬, 六親之私, 然而見敵走之如,
前雖有千刃之谿, 不測之淵, 見入湯火如蹈者, 前見全明之賞, 後見必死之
刑也. 將之能制士卒, 其在軍營之內, 行陣之間, 明慶賞, 嚴刑罰, 陳斧,
飾章旗, 有功必賞, 犯令必死. 及至兩敵相至, 行陣薄近, 將提而鼓之, 存亡
生絲, 存之端矣. 雖有天下善兵者, 不能圖大鼓之後矣.

Ⅲ. 《尉繚子》 관련 歷代 題評

〈1〉《習學記言》(《尉繚子》) ························· 宋, 葉適

「今國彼患者, 以重寶出聘, 以愛子出質, 以地界出割, 得天下助卒, 名爲十萬, 其實不過數萬爾, 兵來者, 無不謂其將曰: 無爲天下先戰, 其實不可得而戰也.」

史稱吳起要在强兵, 破遊說之言縱橫者. 天下旣亂, 各有一種常勢, 隨其所趨, 無得自免. 且三代諸侯旣已呑幷及六七, 可謂至强, 而縱橫之說方出而制其死命. 然屛王謬主終不能飜然改悔, 而相隨以亡.

「凡兵不攻無過之城, 不殺無罪之人. 夫殺人之父兄, 利人之貨財, 臣妾人之子女, 皆盜也.」《尉子》言兵, 猶能立此論.《孫子》「得車十乘以上, 賞其先得者, 而更其旌旗, 車雜而乘之, 卒善而養之, 是謂勝戰而益强.」區區乎計虜掠之多少, 是尉此論, 何其狹也. 夫名爲禁暴除患, 而未嘗不以盜賊自居者, 天下皆是也, 何論兵法乎!

〈2〉《玉海兵法》(卷140) ························· 宋, 王應麟

《尉繚子》兵書. 漢《藝文志》兵形勢《尉子》三十一篇, 雜家《尉》二十九篇. 六國時(人). 劉向《別錄》云:「爲商君學.」《隋志》五卷,《唐》六卷. 晁氏《志》:「書論兵, 主刑法.《漢志》二十九篇, 今逸五篇, 首篇稱梁惠王問, 意者魏人歟?」其卒章有曰:「古之善用兵者, 能殺卒之半, 其次殺十三, 其下殺其十一. 能殺其半者威加海內, 殺十三者力加諸侯, 殺十一者令行士卒.」觀此則爲術可知矣. 張橫渠注《尉子》一卷. 載早年喜談兵, 後謁范文正公, 愛其材, 勸其學. 此少作也.

〈3〉《施氏七書講義》 ························ 宋, 施子美

尉繚子, 齊人也. 史不紀其傳, 而其所著之書, 乃有三代之遺風. 其論天官也, 則取於人其論戰威也, 則取於道勝. 生戰國之際, 而不權譎之尙, 亦深可取也. 敍七書者, 取而列於其中, 不無意也. 惜其不見之行事, 而徒載之空言, 豈其用兵非所長耶? 遂以後世無以證其實云.

〈4〉《文獻通考》經籍考(48) ··················· 元, 馬端臨

《周氏涉筆》曰: 「《尉子》言兵, 理法兼盡, 然於諸令督責府伍刻矣. 所以爲善者, 能分本末, 別賓主, 所謂『高之以廊廟之論, 重之以受命之論, 銳之以逾垠之論』. 其說雖未純王政, 亦可謂窺本絕矣. 古者什伍爲兵, 有戰無敗, 有死無逃. 自春秋戰國來, 長募其行, 動輒驅數十萬人以赴一決, 然後有逃亡不可禁. 故《尉子兵令》於誅逃尤詳.《尉子》亦云: 『善用兵者, 能殺卒之半.···』筆之於書, 以殺垂教, 孫吳未有是論也.」

〈5〉《諸子辨》 ························ 明, 宋濂

《尉子》五卷, 不知何人書. 或曰魏人, 以〈天官〉篇有「梁惠王問」知之; 或曰齊人也. 未知孰是? 其書二十四篇, 較之《漢志》雜家二十九篇, 已亡五篇. 其論兵曰: 「兵者, 凶器也; 爭者, 逆德也; 將者, 死官也. 故不得已而用之.」「無天於上, 無地於下, 無王於後, 無敵於前. 一人之兵, 如狼如虎, 如風如雨, 如雷如霆. 震雲冥冥, 天下開驚.」由是觀之, 其威烈可謂莫之矣! 及究其所以爲用, 則曰: 「兵不攻無過之城, 不殺無罪之人. 未殺人之父兄, 利人之貨財, 臣妾人之子女, 此皆盜也.」又曰: 「兵者所以誅暴亂, 禁不義也. 兵之所加者, 農不離其田業, 賈不離其肆宅, 士大夫不離其官府, 故炳不血刃而天下親.」嗚呼, 又何其仁哉! 戰國談兵者, 有言及此, 君子蓋不可不與也.

宋元豊中, 是書與, 《孫》,《吳》二子《司馬穰氏法》《黃石公三略》呂望《六韜》《李衛公問對》須行無學, 號爲《七書》.《孫》《吳》當時古書.《司馬兵法》本古者司馬兵法, 而附以田穰之說, 疑亦非僞. 若《三略》《六韜》《問對》之類, 則固後人依傲而托之者也. 而離然渾稱無別, 其或當時有司之失歟?

〈6〉《諸子匯函》(卷八) ……………………… 明, 歸有光

尉繚子, 魏人, 司馬錯也, 鬼谷高弟, 隱夷, 魏惠王聘, 陳兵法二十四篇. 其談兵, 分本末, 別賓主, 崇儉右父, 雖未純王政, 亦窺見其本矣. 但末章「殺士卒之半」等語, 慘刻太甚, 豈尚嚴而失之過者歟?

〈7〉《四庫全書總目提要》(卷19, 子部, 兵家類)

其書大指主於分本末, 別賓主, 明賞罰, 所言往往合於正. 如云「兵不攻無過之城, 不殺無罪之人.」又云「兵者, 所以誅暴亂禁不義也. 兵之所加者, 農不離其田業, 賈不離其肆宅, 士大夫不離官府.」「故兵不血刃而天下親.」皆戰國談兵者所不道. 晁公武《讀書志》, 有張載注《尉子》一卷, 則講學家亦取其說. 然書中〈兵令〉一篇, 於誅逃之法, 言之極詳, 可以想見其節制, 則亦非漫無經略, 高談仁義者矣.

임동석(茁浦 林東錫)

1949년생. 慶北 榮州 上茁에서 출생. 忠北 丹陽 德尙골에서 성장. 丹陽初中 졸업. 京東高 서울教大 國際大 建國大 대학원 졸업. 雨田 辛鎬烈 선생에게 漢學 배움. 臺灣 國立臺灣師範大學 國文硏究所(大學院) 博士班 졸업. 中華民國 國家文學博士(1983). 建國大學校 教授. 文科大學長 역임. 成均館大 延世大 高麗大 外國語大 서울대 등 大學院 강의. 韓國中國言語學會 中國語文學硏究會 韓國中語中文學會 會長 역임. 저서에 《朝鮮譯學考》(中文) 《中國學術槪論》 《中韓對比語文論》. 편역서에 《수레를 밀기 위해 내린 사람들》 《栗谷先生詩文選》. 역서에 《漢語音韻學講義》 《廣開土王碑硏究》 《東北 民族源流》 《龍鳳文化源流》 《論語心得》 〈漢語雙聲疊韻硏究〉 등 학술 논문 50여 편.

임동석중국사상100

울료자 尉繚子

尉繚 撰 / 林東錫 譯註

1판 1쇄 발행/2009년 12월 12일

2쇄 발행/2013년 9월 1일

발행인 고정일

발행처 동서문화사

창업 1956. 12. 12. 등록 16-3799

서울강남구신사동563-10 ☎546-0331~6 (FAX)545-0331

www.dongsuhbook.com

잘못 만들어진 책은 바꾸어 드립니다.

＊

＊

사업자등록번호 211-87-75330

ISBN 978-89-497-0608-5   04080

ISBN 978-89-497-0542-2   (세트)